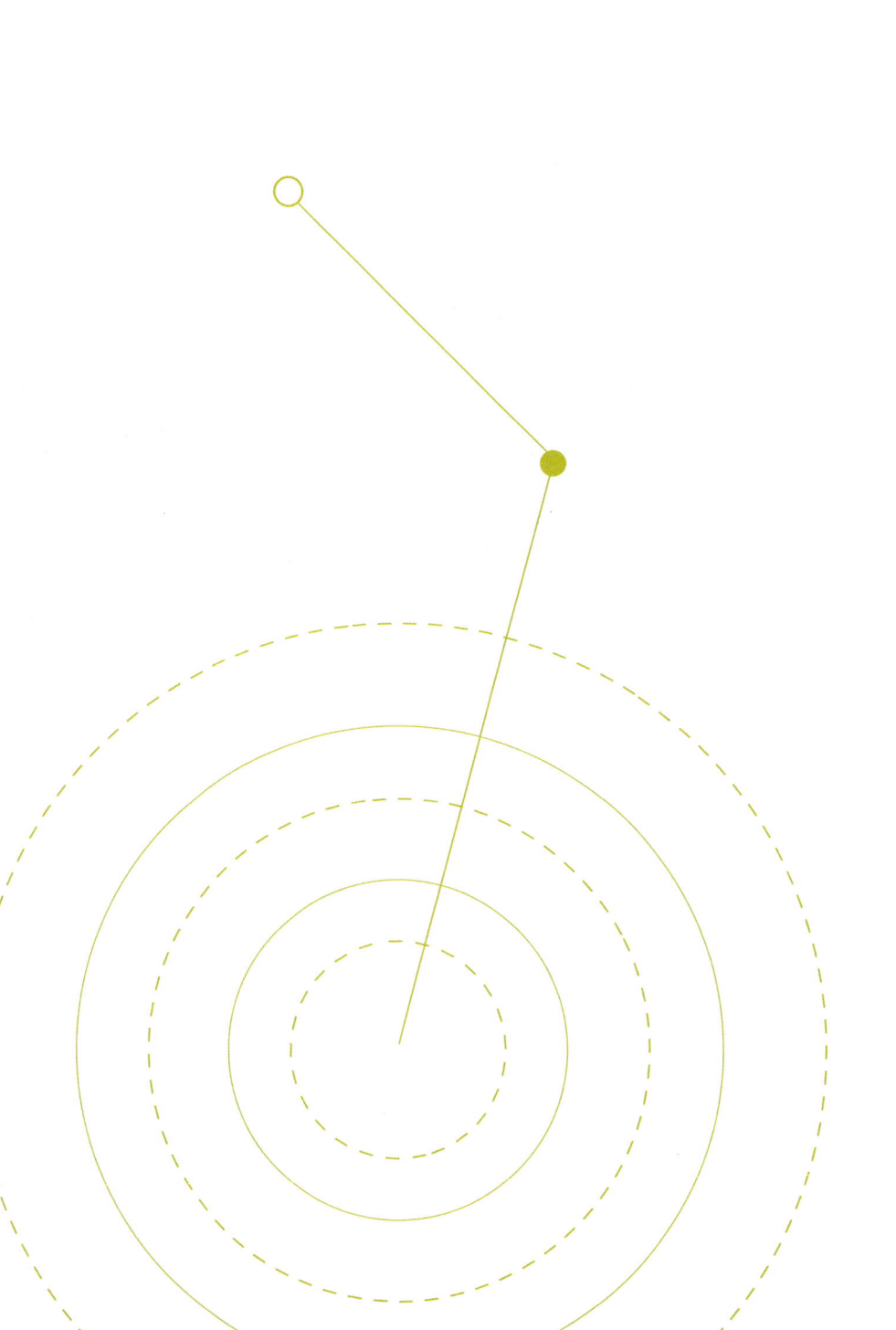

厦门大学口头传播丛书
丛书主编／李 展

熊 慧 著

小团体传播
Small Group Communication

图书在版编目(CIP)数据

小团体传播/熊慧著. —厦门:厦门大学出版社,2016.11
(厦门大学口头传播丛书)
ISBN 978-7-5615-6346-5

Ⅰ. ①小… Ⅱ. ①熊… Ⅲ. ①传播学-研究 Ⅳ. ①G206

中国版本图书馆 CIP 数据核字(2016)第 287746 号

出 版 人	蒋东明
责任编辑	王鹭鹏
封面设计	蒋卓群
责任印制	朱 楷

出版发行 厦门大学出版社

社　　址	厦门市软件园二期望海路 39 号
邮政编码	361008
总 编 办	0592-2182177　0592-2181406(传真)
营销中心	0592-2184458　0592-2181365
网　　址	http://www.xmupress.com
邮　　箱	xmupress@126.com
印　　刷	厦门集大印刷厂

开本	720mm×1000mm　1/16
印张	13.25
插页	2
字数	231 千字
版次	2016 年 11 月第 1 版
印次	2016 年 11 月第 1 次印刷
定价	40.00 元

本书如有印装质量问题请直接寄承印厂调换

厦门大学出版社
微信二维码

厦门大学出版社
微博二维码

总 序

传播学已然是当今中国大陆社会科学和人文学科中最繁荣的领域之一，这其中，一向具国际视野的厦门大学功不可没。1983年，在香港中文大学新闻传播系主任余耶鲁教授帮助下，厦门大学成功设立"新闻传播系"，为传播学在中国大陆的发展奠定了历史性基础。新华社报道指出，厦门大学新闻传播系的建立"填补了我国高等教育文科的一项空白"。三十年前的中国，新闻只与"宣传"和"喉舌"等极具意识形态指向的概念相连，"传播学"这一中性概念尚不为社会所理解，遑论接受为学科。厦门大学新闻传播系的成功设立开创了"我国新闻传播学科建立和命名的一个基础"，该系也成为21世纪的今天新闻传播学跻身大陆高等教育体系中繁荣发展的一级学科的肇始者。

2007年，厦门大学新闻传播系升格为新闻传播学院，始终保持与国际一流传播院系的密切交流并因应时代变化不断调整课程设置，力求培养时代最需要的人才。进入新世纪后，社会的信息化程度日益提高，社会对新闻传播人才的需求发生较大变化，传统的新闻媒体对高校新闻传播院系毕业生的需求呈显著下降趋势，培养信息时代社会需要的新闻传播人才成为新闻传播院系的新使命。社会日益信息化，各种社会组织机构和有影响力的社会人物越来越倾向通过媒体在公众中塑造良好的组织形象和个人形象，亟需培养非媒体组织需求的、擅长与媒体打交道的人才。这在传统上属于美国等西方国家传播学院系中的另一分支——口语传播学的领域。

我国的新闻传播学长期注重对大众传播的研究，绝少涉及口语传播学的教学与科研。但作为历史悠久的研究领域，口语传播学绝不仅仅是中文字面上望文生义的"说话"或"口头表达"那样缺乏学术性。口语传播学的历史比大众传播学更为悠久，学术积累更为深厚。在西方，口语传播学发端于古希腊的公众说服和辩论活动，与哲学、政治学、逻辑学及伦理学联系紧密，是人文学科的重要组成部分。19世纪末20世纪初，美国的口语传播学专业多设立在英语语言文学系中，1914年成立的"全国演讲教师协会"是口语传播学的教学科研学术共同体组织。口语传播学的核心课程通常包括演讲、人际沟通、说服、论辩、辩论、语艺修辞、语艺批评、新闻发布、媒体策划、策略传播。上述这些课程中，说服、辩论、语艺修辞等作为政治实践和学术研究的对象在中国也有相当长的历史，北京大学外文系的龚文祥教授和厦门大学中文系的黄鸣奋教授等曾有著述，从口语传播学视角出发解释先秦诸子的讽谏活动，高校中文系和外国语言文学系中也开设修辞学课程。但是现代意义上成体系的口语传播学，其实践与学术根源在西方，体现为欧美高等教育体系中历史悠久的口语传播科系、成熟且丰富的理论著述、学术共同体普遍接受的从事口语传播学术研究的方法论、历史悠久涵盖研究主题广泛多样的各种学术刊物。台湾的世新大学于1992年开设口语传播系，这是全世界以中文为教学语言的传播学院系中的第一个口语传播课程体系，该系陆续出版了在海峡两岸较有影响的系列教材，其中一些已经由复旦大学出版社等出版简体中文本。

口语传播学的核心课程，目的自始至终是培养适应现代信息社会需求的人才，帮助学生掌握获得传播学的理论素养和在实践中掌握与个人、媒体和社会组织有效沟通的能力。通过掌握有效的说服手段和说辩批评方法，让学生在公共传播中清楚、流畅、精彩地表达自己的观点，正确有效地理解他人的公共表达，了解现代媒体的运作原理和模式，有效组织新闻发布活动，拥有较强的处理危机能力。现代社会期待这样的公民——关心社会的公共生活，积极参与公共事务，有足够的理论素养和口头表达能力，能在公共传播中借助媒体在个人、社会组织乃至社会大众之间进行有效的沟通。

毋庸讳言,大陆和台湾的公共生活中都经历过一个特殊的历史时期,在这相当长的时间内,"民众"只能听到政府主导的媒体发出的命令,作为所有社会成员必须知晓和遵守的话语。作为社会的公共领域,媒体只有"公开"的意涵而无开放给所有社会成员的"公共性"的意涵。社会中,除了政府组织以外,其他关心公共事务的社会主体也可以参与公共传播这一理念很晚近才在中文世界得到认识和实践。因此,在培养新时代所需人才方面,海峡两岸的传播学院系比其他高等教育领域肩负着更重要的使命。对于大陆高校而言,传播学本身就是个新领域,又以大众传播学研究为主,非常缺乏口语传播学方面的师资和教材。

厦门大学新闻传播学院因应时代的需要,克服各种困难,再领学界风气之先,于2011年正式成立以口语传播学为专业方向的传播学系。时任院长张铭清教授和时任常务副院长黄星民教授的大力支持是传播学系得以建立的关键,本人荣幸地成为第一任主持工作的系副主任。黄星民教授自2000年起代表学院陆续聘请美国迪堡大学的吕行教授、伊利诺伊州立大学芝加哥分校的张慧晶教授、荷兰乌特列支大学的 Paul van Hoven 教授等为讲座教授,邀请台湾世新大学的游梓翔教授,美国北卡罗莱纳大学的 Richard Leeman 教授、Shawn Long 副教授等知名口语传播学者来厦短期授课和开办讲座,为我们建立和完善课程体系、培养青年教师给予了很大帮助。

以口语传播学为专业方向的厦大新闻传播学院传播学系,核心课程包括公共演讲、人际沟通、说服传播、说辩批评、语艺修辞、新闻发布、媒体策划、媒体关系、策略传播、小团体传播、传播研究方法,其课程设置基本与欧美的口语传播学专业和台湾世新大学口语传播系的课程体系相似。最开始,使用美国出版的英文教材,台湾出版的世新大学的口语传播学教材也用得不少。传播学系自建系开始,就酝酿出版以中国大陆的社会生活为研究和实践目标的系列教材。经过几年的教学实践的积累,厦门大学的"口语传播"系列教材将从2016年开始逐部出版,这是我们厦门大学口语传播学课程体系建设过程中的重要一步,期待我们的这一系列教材成为口语传播学在大陆高等教育体系中得到长足发展的奠基石。

李 展

2016年10月1日

序

　　小团体传播蕴涵人文社会的精髓，不论是为达成特定目标，或单纯的情谊宣泄，数人彼此连结，传递讯息，看似平凡无奇，却大有文章，涉及诸多方面——个人心理、行为与动机；个人对于小团体的认同与疏离；互动以及决策的过程与发展；有形无形的规范、外显与内含的价值观与信仰；角色扮演、配置与协商；领导者与权力结构的开展与冲突；系统的运作、改变与演进等，都可能影响互动结果。口语传播学在美国虽然有数十年的历史，但一直到近十年来，才在亚洲受到重视。熊老师的《小团体传播学》对小团体互动进行了较为深入的介绍和分析，不仅为这门新兴学科在中国奠立重要的基础，也为传统传播学与其他相关社会科学提供了新的视角。

　　此外，本书还有以下几个特点：

　　第一，从一般系统理论的角度来观察，一一讨论重要课题，呈现小团体传播的多面性与复杂性，轻快地引领初学者进入深奥的学术殿堂。

　　第二，理论与实用兼具，文字精简，说理清楚，是高校教科书典范。除了参考经典英文教材与文献，作者更融入教学的实务经验，以生动活泼的例子，深入浅出地带领读者了解看似抽象的理论。

　　第三，本书介绍了许多相关的理论。对小团体互动研究有兴趣的读者而言，是很好的参考书籍。特别是本书提到，在新科技风潮下，新兴的虚拟小团体如何与传统的面对面小团体融合与竞争，展现新的人文社会内涵，非常值得学者思考。

　　第四，作者将西方的理论与分析植根于华人社会文化，重新思考特定的文化场域如何影响小团体互动及其有效策略。这种在地的分析,并不囫囵吞枣地接受西方小团体传播研究的架构,这是对人文社会的尊重,也才能提供深入的分析。在厦门大学与美国伊利诺大学芝加哥分校,我与熊老师分享了许多研究与教学的经验,对熊老师的聪明才智,对她对学术研究的执着、热忱与契而不舍的认真态度,有很深刻的印象。熊老师能将她这些年来深入探讨的"小团体沟通"写成专书,令人欣喜;不仅嘉惠众多的学子,对小团体传播研究而言也是非常重要的贡献。

张惠晶

于美国纽约州立大学阿尔巴尼分校

2016 年 9 月 3 日

前　言

与"小团体传播学"初次结缘,始于偶然翻阅几本英文教材。2008年前后,时任厦门大学新闻传播学院常务副院长的黄星民老师,立志筹建中国大陆第一家口语传播方向的传播学系。受黄老师邀约,美国迪堡大学传播学教授吕行老师推荐了一系列口语传播方面的英文教材,为新专业课程体系的搭建提供参考。漂洋过海来到学院资料室的数十本图书中,就包括两本小团体传播学的教材。

第一次接触小团体传播理论,笔者倍感新鲜!刹那间的心动,开启了一位在大众传播学科背景下成长起来的"知道分子"与致力于培养和增强小团体成员的传播意识和能力的分支学科的"不解之缘"。

一直以来,小团体传播学都是美国各大高校的口语传播系——后者在20世纪90年代中期以来大多改名为"传播系"或"传播研究系"——本科培养的主干课程。为了将这一分支学科完整、系统地介绍给厦门大学的学生,2010年,笔者尝试开设选修课程"小团体传播学",参考经典英文教材,设计课程内容。每一轮授课结束后,笔者根据学生反馈,完善内容框架。

2012年,培养目标、内容和方式趋于成熟的小团体传播学课程,首次作为专业必修课向传播学系开放。授课过程中,英文教材的局限性开始凸显:一方面,语言的障碍大大降低了学生从事课后复习和拓展性阅读的积极性;另一方面,小团体传播实践涉及群体关系的建构和维系,具有显著的文化特殊性,美国文化中通行的小团体传播策略很多不适用于中国情境。笔者因此萌生编写中文教材的想法。

2013年,利用赴美访学的机会,笔者广泛借阅小团体传播的相关教材和代表性研究文献,以求进一步了解这一领域的经典理论和前沿趋势,调整和完善授课内容。回国后,课程提纲再次得到学生的检验——两轮授课反馈良好,2015年,笔者正式开始教材的编写。

撰写本书目标不仅在于向读者展示小团体传播学的学科地图,还希望帮助读者改进改善小团体传播的意识和能力。作为国内第一本小团体传播的中文教材，本书兼顾理论与实务，除了向读者介绍小团体传播学的核心概念和理论外，还提供一系列增进小团体传播效力的方法和策略。具体来说，全书以一般系统论为视点，共包括14个章节、2篇附录：

第一章聚焦小团体传播的定义、特点、实践形态和研究趋势，旨在帮助读者对小团体传播留有初步印象，了解其在现代社会中的价值。

第二章简要介绍一般系统论的基本主张，为读者辩证看待小团体传播提供起点。

接下来的四个章节，旨在帮助读者了解系统输入，尤其是成员的个性、需求和技能对小团体传播的影响。其中，第三章归纳个体加入小团体的动机，第四章概述小团体多样性的价值、表现和影响，第五章从言语、非言语和倾听三方面总结关系性沟通的内涵和机制，第六章介绍批判性思维的定义、表现和阻碍因素。

阅读第七章到第十二章的内容，读者可以深入小团体传播的"腹地"，了解系统转换，尤其是规范、成员行为、位阶关系和程序对小团体传播的影响，收获开展小团体传播实践的诸多方法和策略。其中，第七章讨论团体规范的内涵、价值，讨论确立、维系和改变团体规范的方式。第八章以角色理论为基础，梳理团体角色的类型、职能和生成机制。第九章介绍不同视角下的领导理论，第十章描摹理想和现实的团体决策过程。第十一章致力于修正有关创造力的认知偏差，爬梳提高团体创造力的方法。第十二章引入看待冲突的辩证视角，聚焦冲突管理的常见风格和策略。

第十三章归纳小团体传播的结果类型。从这一章的论述中，读者不仅可以了解系统输出，尤其是生产力和凝聚力的表现形态，还能比较全面地获悉影响小团体传播效力的因素，据此改进自身在日常实践中的表现。

以传播效力为线索，第十四章转向新兴的小团体类型——虚拟小团体，聚焦信息通信技术与团体任务的匹配度，提供增进虚拟小团体传播效力的策略，帮助读者提高在虚拟小团体中的传播能力。

接下来有两篇附录，分别介绍会议和简报的相关流程与注意事项。对团体决策的实现过程和结果呈现方式感兴趣的读者可以进一步参看。

成书过程中，笔者主要以口语传播专业的大学本科生为读者对象。近年来，陆续有一些国内高校来厦门大学新闻传播学院访问，向传播系"取经"。可以预见，不远的将来，口语传播专业会在越来越多的国内高校"生根"。撰写本书的另一目的,是为兄弟院校的同类专业提供教学用书。除用于小团体传播课程外,此书也可以作为新闻、广告、管理等专业的泛读教材,作为企业管理者和一般读者的业余读物。

由于时间、精力和视野的局限,本书在内容方面仍存在不足,恳请各位读者不吝赐教!期待此书能抛砖引玉,引起更多国内研究者对小团体传播学的关注,加速后者的本土化理论建构与发展。

目 录

第一章　初识小团体传播 ··· 1
　第一节　生活中的小团体传播 ··· 2
　第二节　界定小团体 ··· 5
　第三节　界定小团体传播 ··· 10
第二章　作为系统的小团体 ·· 15
　第一节　一般系统论的基本原理 ···································· 15
　第二节　系统内的相互依赖 ··· 18
　第三节　系统与环境的相互依赖 ···································· 19
　第四节　作为系统的小团体 ··· 21
第三章　加入小团体的动机 ·· 26
　第一节　人类的基本需求 ·· 27
　第二节　人际吸引力 ·· 30
　第三节　团体吸引力 ·· 33
　第四节　个体目标与团体目标的关系 ······························· 35
第四章　小团体的多样性 ··· 38
　第一节　人格特质的多样性 ··· 39
　第二节　传播特质的多样性 ··· 41
　第三节　社会文化多样性 ·· 44
第五章　小团体中的关系性沟通 ······································ 50
　第一节　小团体的言语传播 ··· 50
　第二节　小团体的非言语传播 ······································· 55
　第三节　小团体传播中的倾听 ······································· 60
第六章　小团体中的批判性思维 ······································ 65
　第一节　认识批判性思维 ·· 65
　第二节　批判性思维的运用 ··· 67

第三节　阻碍批判性思维的因素 …………………………………… 73
第七章　小团体的规范 …………………………………………………… 76
　　第一节　理解团体规范 …………………………………………… 76
　　第二节　小团体中规范的确立与维系 …………………………… 80
　　第三节　小团体中规范的影响 …………………………………… 84
第八章　小团体的角色 …………………………………………………… 88
　　第一节　角色理论 ………………………………………………… 89
　　第二节　团体角色的类型和职能 ………………………………… 92
　　第三节　团体角色的形成 ………………………………………… 96
　　第四节　团体角色压力 …………………………………………… 99
第九章　领导小团体 ……………………………………………………… 103
　　第一节　何为团体领导 …………………………………………… 104
　　第二节　领导理论 ………………………………………………… 106
　　第三节　领导者的生成 …………………………………………… 111
第十章　小团体的决策过程 ……………………………………………… 116
　　第一节　决策与问题解决 ………………………………………… 117
　　第二节　决策过程的规定性理论 ………………………………… 118
　　第三节　决策过程的描述性理论 ………………………………… 123
　　第四节　决策过程的功能性理论 ………………………………… 128
第十一章　小团体的创造力 ……………………………………………… 130
　　第一节　理解创造力 ……………………………………………… 131
　　第二节　阻碍团体创造力的因素 ………………………………… 133
　　第三节　营造创造性团体氛围的策略 …………………………… 135
　　第四节　激发团体创造力的方法 ………………………………… 136
第十二章　小团体的冲突管理 …………………………………………… 142
　　第一节　理解冲突 ………………………………………………… 143
　　第二节　冲突管理风格 …………………………………………… 147
　　第三节　冲突管理策略 …………………………………………… 150
第十三章　小团体传播的结果 …………………………………………… 154
　　第一节　小团体传播的结果类型 ………………………………… 154
　　第二节　生产力与凝聚力的关系 ………………………………… 158
　　第三节　影响小团体传播效力的因素 …………………………… 160

第十四章　虚拟小团体…………………………………… 166
　第一节　理解虚拟小团体………………………………… 166
　第二节　虚拟小团体的优缺点…………………………… 168
　第三节　虚拟小团体的传播效力………………………… 171
　第四节　提高虚拟小团体传播效力的策略……………… 176

附录一　会议……………………………………………… 179
附录二　简报……………………………………………… 185
参考文献…………………………………………………… 192
后　记……………………………………………………… 197

第一章　初识小团体传播

20世纪80年代,石油涨价,日本的小排量汽车在美国大行其道。受日本汽车的冲击,通用公司占美国汽车市场的份额从46%降到32%。1988年,通用汽车总裁罗杰宣布关闭密歇根州福林特市的11个工厂,3万人因此失去工作。1989年,美国鬼才导演迈克尔·穆尔斯拍摄纪录片《罗杰和我》,批评裁员给密歇根州经济带来的负面影响,通用公司的形象由此一落千丈。无奈之下,通用决策层将希望寄托在一款名为"土星"的经济型轿车上,希望以此对抗日本轿车。通用还做出一个大胆的决定——采用当时最先进的生产技术,鼓励管理者和员工以团体合作的方式运营土星公司。

他们随后成立一个99人的团体,前往世界各地考察,寻找最适合土星公司的管理模式。这个团体做出了若干重要决策,其中之一就是成立"执行组"。土星公司最初由165个执行组构成,每组10人左右,负责生产流程中的不同环节。每组都拥有独立的财务预算和人事权,可以自行选择供货商、广告代理商,只是所有决策必须建立在团体共识的基础之上。为了提高团体合作的效率,土星公司投入大量的时间和财力培训员工:新员工在正式工作之前先接受5天的培训,学习如何与人合作;进入岗位后,员工们还要参加100~750小时的业务培训,学习冲突调解策略和金融知识。

管理模式改革的成效究竟如何?1993年,土星汽车被评为美国汽车市场十大畅销车型之一。消费者对土星汽车的青睐,与这一车型先进的技术、良好的设计分不开,但归根到底,团体合作才是土星汽车大获成功的关键——执行组模式有效激发管理层和员工的创造力和积极性,为土星公司的决策质量及效果提供了坚实基础。通用公司的案例表明,在高度组织化的世界中,团体合作的能力是适应环境的必要条件。培养这样一种能力,需要深入了解小团体传播的过程和机制。

本章围绕小团体传播概念展开,共包括三部分:首先,回顾小团体传播的发展历程,揭示它在当代社会生活中的价值;然后,聚焦小团体,梳理其特征和类型；在此基础上，界定小团体传播，比较它与其他类型的人类传播形式，尤其是人际传播的差异，归纳小团体传播的优势与劣势，为小团体传播的应用提供参考。

第一节　生活中的小团体传播

一、关于小团体传播的"迷思"

为什么关注小团体传播？回顾近期的学习和生活，你就能找到答案。在过去几天的课堂上，老师是不是布置了小组作业，要求你和其他同学一起解决现实的问题，设计小规模的研究，或参加全国性的比赛？除此以外，你参加的随堂讨论是不是多数也以小组的方式展开？课余时间，你是不是与同学朋友聚餐，和他们一起听演唱会，观看最新上映的电影？你是不是参加了实习公司的晨会，与同事们在午餐时间讨论兼职人员的考核标准？如果多数答案是肯定的，那你一定不难察觉，小团体传播在学习、休闲和工作生活中的重要角色。

有人对小团体传播不以为然，觉得它不过是每天都要经历的简单的生活内容，毫无理论可言。比如，很多人认为，只要参与者足够理性、成熟，团体讨论就会有序、高效。抱有这样想法的人，很容易对团体讨论有不切实际的期待。期待落空时，难免沮丧、挫败，甚至愤世嫉俗。了解小团体传播的本质和内在机制，是正确认识和评估团体表现的必要前提。介绍小团体传播的相关概念之前，先简要回顾小团体传播教育和研究的历史。

二、小团体传播教育的历史

小团体传播起源于早期的公共讨论。作为一种实践，早在古希腊、古罗马时期，公共讨论就已经存在。作为系统的课程，它直到20世纪初才在美国口语传播系普及。最初，公共讨论课注重培养学生就争议性的公共事务提出看法的能力，目的在于培养合格的市民，适应民主制度的需要。在民主体制中，公共讨论能引导人们认识公民角色和义务,推动民意的塑造和决策的形成,具有社会控制的职能。这一论断构成早期小团体传播教育的合法性基础。

公共讨论的开展有赖于两方面的前提——言论自由和公众智慧。约翰·S.米尔在他1859年出版的《论自由》一书中指出,只要关于特定议题的所有观点都被提出和自由讨论,人们就可以去伪存真,寻获真理。在公共讨论的倡导者看来,公众是具有内在价值、尊严和理性的个体,拥有自由的意志,不受他人操控;当公众有机会按照自己的意志自由行事时,他们有能力做出明智的选择和行动;虽然公众的行为常常是非理性的,但他们有能力理性地行事,形成最佳决策。

早期大学课程主张,公共讨论团体的参与者应该具有科学的视野、开放的思维和反思的能力。美国社会学家约翰·杜威认为,反思能力是讨论公共问题的良好基础——反思意味着仔细权衡可能的解决办法,帮助公共问题的讨论者形成最佳决策。此外,科学的公共讨论还需要两个条件:一是有人扮演协调者的角色,努力使讨论集中、平衡;二是参与者秉持客观、协作的原则,清晰准确地表达观点。

20世纪上半期,受上述观点的指引,公共讨论团体的实践者们将几乎全部目光投向讨论策略和方法,探索服务于不同目的和语境的讨论形式,提出一系列指导讨论原则。遗憾的是,这些形式和原则,在实际的小团体传播活动中,特别是在应对和解决具体问题时,难以充分施展。从20世纪中期开始,公共讨论团体不再是小团体传播课程的重点,教育者将目光转向致力于问题解决或决策的"任务团体"。

20世纪50年代初,任务导向的小团体在私人企业中受到重视,后者将更多时间和精力用于培养员工的小团体传播技能。到了20世纪80年代,面对来自日本企业的严峻挑战,越来越多的美国企业转向日本式的管理方式,强调团体决策在组织中的积极作用。进入90年代以后,企业管理层规模缩减,权力等级呈现扁平化趋势,以计算机为代表的新媒体技术在企业中普及。这一趋势进一步加大了任务导向的小团体在组织生活中的权重。

时至今日,参与任务导向的小团体传播已经成为企业员工不可或缺的工作内容。打开国内知名招聘网站,点击稍具规模的企业的校园招聘要求,即可了解小团体传播的重要性①。什么是团体合作意识和能力,如何具备这种意

---

① 绝大多数校园招聘要求参与者具有"团体合作意识和能力"。

识和能力,本书的后续章节将一一解答。

三、小团体传播研究的历史

和小团体传播教育一样,有关小团体传播的研究在20世纪中期也经历重要转向。在此之前,研究者们集中关注公共讨论团体的领导和参与技巧问题;进入20世纪50年代以后,任务团体(尤其是企业中的任务团体)的传播技巧日益得到研究者的重视。作为应用导向较强的领域,小团体传播研究的转向与20世纪中期以降美国企业管理方式的深层次调整和转型密不可分。业界对员工的团体合作意识和能力需求的不断提高,客观上推动了学术研究的重新聚焦,导致整个小团体传播研究的转向。

直到20世纪60年代,问题解决的方法和领导技巧还是小团体传播研究者的兴趣所在。这一局面在20世纪70年代被打破,研究者迅速转向另外两个方面:一是阐释小团体传播的过程机制,发掘有效改善传播效果的因素,特别是改善决策效率和质量,提高成员满意度的因素;一是梳理小团体传播过程的阶段性特征,建构传播模式,如团体角色发展的阶段性模式,团体共识形成的阶段性模式。

到了20世纪80年代,小团体传播研究者开始总结既有成果,建构理论。这一阶段出现三种重要理论——功能理论、结构理论和符号聚合理论。功能理论强调影响团体合作质量的传播因素,结构理论关注团体决策过程中的传播模式和规则,符号聚合理论则揭示团体认同形成的内在机制。

进入20世纪90年代以后,小团体传播研究者开始整合有关团体过程、传播行为、传播技巧等方面的理论和研究,尤其关注组织中的执行团体和以问题解决为目标的虚拟团体,关注小团体传播理论在解决企业问题的适用性。从这一时期开始,批判理论,如与种族、民族、性别有关的理论,以及其他社会科学领域的最新成果,如社会网络分析,被不断引入小团体传播研究,为该领域提供更加多元的理论路径和视角。

第二节 界定小团体

本节对小团体进行界定:首先,描述团体的特征并以此为基础梳理小团体的特征;然后,归纳生活中常见的小团体的类型,对每一种类型举例并进行简要说明;最后,剖析小团体的优势和劣势,揭示小团体的适用性。

一、小团体的特征

什么是小团体,回答这个问题,首先需要了解什么是团体。1978年,约翰·K.布里尔哈特在《有效的团体讨论》一书中归纳团体的五个特征:规模小到成员能感知到他人的存在并能彼此反应;拥有共同的目标,达成这些目标需要成员之间相互依赖、通力协作;具备所有成员共同遵守的行为规范和程序;每一个成员都对群体有归属感,认同群体中的其他成员;开展口头互动。作为团体的一种,小团体同样具备以上五种特征,只是在成员规模上有所限定。其中,规模、目标与相互依赖构成小团体的首要特征。其他几项特征,包括规范、认同和互动,构成小团体的次要特征。

1. 小团体的首要特征

(1) 规模。多少人算是"小团体",学界存有争议。所谓的"小",更多是心理感受。5人的委员会,如果只有一两个人有机会说话,成员可能还是会觉得它太"大"。15人组成的专题研讨会,如果每个人都能叫出对方的姓名,能自如地表达自己的想法,成员可能会觉得它很"小"。尽管如此,一般认为,小团体的规模为3~15人,5~7人是小团体的理想规模。

(2) 目标。小团体的成员聚到一起通常是为了达成特定目标。例如,工会的成立是为了帮工人争取更高的薪酬和更好的工作环境,临时组成的作业小组则是为了完成课程作业,得到理想的分数。仅凭个人力量,这些目标一般难以实现。

(3) 相互依赖。小团体成员之间彼此依赖,相互影响。例如,篮球队成员是一个命运共同体,某一球员状态不佳,可能影响整个球队的士气,从而改变比赛的结果,后者又会进一步影响整个球队的形象和声誉。下一章将对这一特征进行更细致的讨论。

2. 小团体的次要特征

(1) 规范。关于小团体的成员行事的标准,它约束小团体成员的行为,提供行动的指南。如在讨论中对事不对人,有不同意见要勇于表达,每周一次见面讨论,每次讨论不超过一小时,用昵称称呼彼此。规范对小团体成员的行为有较大的影响,挑战规范的行为常常招致惩罚。例如,在临时组成的作业小组中,一直"打酱油"、很少完成作业的成员会被其他成员漠视和孤立。

(2) 认同。这是将小团体成员与其他非成员区分开来的心理和物理边界。心理边界指成员基于团体身份产生的直观感受,如自豪、团结。物理边界指标明团体身份的事物,如印有小团体名称或口号的服装,特定的座位排布方式。团体认同影响个体成员的行为。当个体将自身认定为小团体的一员时,他或她更愿意按照团体期待的方式行事。

(3) 互动。这是发生在小团体成员之间的言语或非言语的传播活动。根据内容的不同,可以将小团体的互动分为四类:问题解决式交谈,聚焦如何完成团体任务;角色式交谈,聚焦成员在小团体中扮演的特定角色,与问题解决式交谈同时发生,讨论任务的过程实际上也是扮演特定角色的过程;意识提升式交谈,聚焦团体认同,提高成员的满足感和自豪感;交心式谈话,如自我表露,倾听他人需求,表达同理心。

二、小团体的类型

团体规模、目标和相互依赖性影响团体成员的沟通方式。在成员沟通过程中,团体的规范、认同和互动得以产生和维系。尽管如此,并不是每一个小团体都具有一致的特征。根据目标、存在时长和沟通方式的不同,可以把小团体分为不同的类型。

1. 目　标

2003年,小团体传播专家艾萨·恩格尔伯格和黛安娜·温在《团体合作:沟通原则与策略》一书中根据目标的不同将小团体分为七种:

(1) 首要团体。成员之间有亲密的关系,以家庭、朋友圈为代表。在首要团体中,成员资格主要基于情感联系,成员之间会有较多的自我表露,展示较高的同理心、信任感和相互理解的倾向。

(2) 社交团体。与首要团体不同,社交团体的成员基于共同兴趣或活动进行联系。兄弟会、姐妹会、校园社团是这类团体的代表。在社交团体中,尽管成员之间也可能有亲密关系,但共同的兴趣或完成共同活动的需要是成员彼此吸引的首要原因。

(3)自助团体。成员通常面临共同的问题或生活困境,他们聚在一起,相互帮助,以求解决问题,走出困境。由酗酒者、残障人士、性骚扰或家庭暴力的受害者、吸毒者、"失独"家庭等组成的各种类型的互助会是自助团体的典型代表。在自助团体中,成员资格取决于问题或困境的当前状态,一旦问题得以解决或成功走出困境,成员会退出自助团体。

(4)学习团体。成员寻求提高自身技能,从团体中获得知识或改善自己的活动表现。舞蹈班、考研辅导班、夜校等都属于学习团体。与自助团体一样,学习团体的成员资格取决于技能提高的程度,一旦成员获得知识或成功改善自己在活动中的表现,他们就会考虑退出团体。

(5)服务团体。成员多为志愿者,义务贡献自己的时间、体能以帮助那些不幸、弱势、需要支持的人。各种慈善组织或临时组成的志愿者小组是服务团体的典型代表。

(6)公共团体。成员彼此合作,展开公共传播。学术会议上的讨论小组、公共论坛、电视新闻栏目等都属于公共团体。公共团体的成员相互沟通,共同致力于向受众提供信息,或尝试影响受众的态度或行为,但他们与受众之间鲜少互动。

(7)执行团体。存在于组织之中,成员致力于完成共同的任务,服务于组织的利益。企业中负责设计、生产、财务核算、人力资源、后勤等事务的部门,都是执行团体的典型代表。

2.存在时长

根据持续时间的长短,可分为长期团体和短期团体:

(1)长期团体通常持续存在数年甚至数十年,团体的传统一直延续,不受时间和人员变动的影响,新加入的成员常常被要求按照传统行事。很长时期内,团体成员之间以及团体与外部环境之间的互动都是模式化、可预期的。首要团体、社交团体以及长期维系的自助团体、学习团体、服务团体、执行团体,都属于长期团体的范畴。

(2)短期团体通常存在几周、数月或者一年,主要以项目组的形式存在。成员们通常训练有素,有所专长,此前鲜少合作,没有共同的传统,临时组合起来完成短期任务。某些类型的执行组,如"品管圈",是短期团体的代表。所谓品管圈,指由企业各部门的雇员自发组成的小团体,领导者由成员选举产生或由企业指派,成员定期会面,致力于改进工作过程,提高产品质量或服务质量。通常,品管圈在成立之初会确立质量方面的目标,目标一旦达成就可以解散。

3. 沟通形态

根据沟通方式的差异,可以将小团体分为面对面沟通的小团体和虚拟小团体。采用信息通信技术,如电邮、语音、视频,进行互动的小团体称为"虚拟小团体",以此区别于完全透过面对面互动开展合作的小团体。随着信息通信技术(特别是移动互联网技术)的发展和普及,面对面沟通的小团体和虚拟小团体的分类方法面临挑战——绝大多数的小团体都会在传播过程中或多或少地采用信息通信技术。因此,有必要引入新概念——虚拟性,以区分小团体。高虚拟性小团体是沟通过程完全或较多依赖信息通信技术的小团体,反之则是低虚拟性小团体,以面对面沟通为主,偶尔诉诸虚拟互动。

三、小团体的优势与劣势

中国文化十分看重"集体"力量——从"众人拾柴火焰高""单丝不成线,独木不成林"等俗语中可略见一斑——这很容易给人错觉,即无论在何种情况下,团体合作的效果都胜过单兵独斗。的确,小团体具有超越个体的诸多优势,但也有不足。这使得团体合作有时是达成目标的最佳方式,有时并非如此。

1. 小团体的优势

首先,较之单兵独斗,团体合作意味着获得更充足的信息。通常,团体成员拥有不同的经验和背景,会将多元的观点和立场带入讨论,为决策提供更全面的依据。更重要的是,在讨论的过程中,不同观点和立场的相互激发,能有效改善成员的创造力,使决策超越最初的预设,获得新的方向和可能性。

讨论不仅是信息交换过程,也是需求满足过程。讨论顺利开展,成员不仅能收获团体目标达成的喜悦感,还能获得陪伴感、归属感和参与感。因此,与独立思考相比,团体讨论能提高个体对最终决策结果的满意程度。

最后,团体互动的过程中,其他成员的言行有助于我们认识自我,了解自我,确认能力和优点,意识到缺陷和不足。换句话说,其他成员提供了一面镜子,根据他们的反应,我们能逐渐看清自己、完善自己。单兵独斗显然不太可能提供这样的机会。

2.小团体的劣势

团体合作也存在一些缺陷。首先,多元观点和立场会导致更多分歧、冲突和紧张感。团体决策意味着需要在多元观点和立场之间达成共识或取得平衡。与个人拍板相比,团体决策无疑更复杂、更费时。一般说来,较之个体的单兵独斗,团体决策质量更高,但效率偏低。

其次,团体讨论通常并不是平衡的过程,总有一个或几个成员的表现更积极、更主动,占据更多发言时间,甚至左右团体讨论的方向和结果。一些成员乐见这一局面,因为这意味着可以"打酱油"。但也有一些成员不愿意放弃全面参与团体讨论特别是最终决策的机会,试图改变不平衡的局面。如果那些支配讨论的成员不愿意退让,其他成员可能转向消极怠工,或是相互结盟,以便更好地与支配者对抗。这会导致团体的分裂,每一位成员对团体合作的满意度都会因此降低。

最后,在小团体中,成员会经常感受到与多数人保持一致的压力。作为群居动物的一种,人类本能地回避冲突。在小团体中,为了避免冲突的产生,成员常常会支持多数人的立场,即便其背离自身立场。与个体决策相比,小团体的决策通常更全面,但也更可能违背个体成员的初衷。由此产生的结果,就是决策在执行阶段得不到全体成员的全情投入,甚至面临人为的障碍或阻力。

3.团体合作的适用条件

既然小团体优缺点并存,那么问题就来了:究竟什么时候应该单兵独斗,什么时候应该团体合作呢?下面将列举适宜个体单兵独斗的几种条件。

首先,当时间有限,决策需要尽快达成时,漫长的团体讨论绝对不是理想选择。比赛处于劣势,需要选择替补上场的球员时,教练极少会召集副教练、领队开会,细致讨论以后再做决定。集体讨论也许会带来更明智的选择,但时间不等人,此时,快速应对显然更合适。

其次,当专家已经知道问题的答案,对于最佳决策了然于胸时,或当既有的研究资料足以提供决策所需的信息时,不需要依赖团体合作来寻找问题的解决之道。例如,想要了解数学公式、科学原理或其他专业知识时,大可不必成立某个以知识探索为主要目标的学习小组,最简单有效的办法是直接询问教授相关课程的老师,获得所需信息。同样,想要了解高校教师的性别比例,最快捷的办法是直接上网检索教育领域的"年鉴"或全国性调查研究结论,而非团体讨论。

再次,成员性格不合,在团体讨论的程序方面观点迥异,或在价值立场上存在根本分歧、无法形成共识时,团体合作也不是理想的选择。当然,这并不是主张为了回避冲突而弃用团体讨论。《小团体的冲突管理》这一章将提供一种看待冲突的辩证立场。本节的建议很简单——当冲突无法管理和调解时,可以转向团体讨论以外的沟通形式,例如,由团体外某位专业、客观、权威的专家代为决策。

第三节　界定小团体传播

了解小团体的特征、类型、优点以及不足后,一起来关注另一重要问题——什么是"小团体传播"。对这一问题的探讨将从两方面展开:介绍"传播"这一概念;在此基础上,分析小团体传播的特色,限定小团体传播的内涵与外延。

一、传　播

什么是"传播",一直众说纷纭,莫衷一是。早在1973年,弗兰克·丹斯和卡尔·拉森就曾查阅文献,找出关于"传播"的126个定义。此后的30余年,这个清单不断加长。下文不提供关于"传播"的完整清晰的定义,而是介绍三种代表性的观点,以阐明"传播"这一概念的复杂性。

1.香农—韦弗的"数学模式"

1949年,克劳德·香农和沃伦·韦弗在《传播的数学理论》一书中提出一个传播模式,用以解释电报的通信过程。这一模式主要由信源、发射器、信道、接收器、信宿以及噪音六个因素构成。信源选择要传播的信息,通过发射器将该信息转换成适合于特定信道的信号形式;随后,信号经由信道传递给接收器;后者将信号转换为可以被接收的信息,将这一信息发送给信宿。这一过程中存在噪音,如干扰性电波,影响信息传输的质量和效果。了解信息传输过程进而对之进行控制以减少信号衰减和失真,改善传输效果,是香农—韦弗数学模式的主要贡献。尽管如此,这一模式将传播视为单向的信息传输过程,无法反映人类传播的复杂性,特别是互动的特征,也未能将传播语境的影响纳入考察范围。这两方面的缺陷均在贝罗的 SMCR 模式中得以改进。

2. 贝罗的"SMCR 模式"

1960 年,戴维斯·K.贝罗以香农－韦弗的数学模式为基础,提出"SMCR 模式",用于解释教育传播过程。这一模式包含七个要素,分别是信源、信息、渠道、接收者、反馈、噪音和语境。由于反馈机制的存在,信源和接收者之间可以相互转换。因此,影响信源和接收者的因素均包括主体拥有的知识、社会地位、影响力等,思考、表达的技巧和能力,以及对于信息及彼此的观点立场。此外,信息的类型和结构也会影响信息交换的效果。在这一模式中,反馈包含自我反馈以及来自他人的反馈。噪音可以是物理性的,如喧闹的环境,也可以是生理性的,如耳鸣,还可以是心理性的,如紧张的情绪,或是语义方面的,如双方使用不同的语言或术语、行话。同样,语境既包括物理语境也包括社会－心理学语境。

较之数学模式,SMCR 模式强调传播的互动性及其作为动态、持续过程的特征,更贴近人类传播的本质。然而,归根到底,SMCR 模式依然是一个线性模式。在贝罗看来,排除噪音的干扰,绝对准确、无误差的意义分享就可能发生。这一模式同样无法解释人类传播的复杂性,如信息的传送与接收同时展开,传播过程中频繁发生误解。交流模式的提出,为理解人类传播过程提供了更全面的视角。

3. 人类传播的"交流模式"

1967 年,保罗·沃茨拉维克,珍妮特·B.贝弗拉斯和唐·D.杰克逊在《人类传播的语用学》一书中提出"交流模式",用于解释人类传播的过程。这一模式认为,人类传播遵循若干原则:第一,无时不传播,任何行为都会传递特定的信息;第二,传播的类型有两种,一是自然、基础的模拟传播,主要是非言语传播,一是抽象、任意的数字传播,主要是言语传播;第三,传播包含两个层次,一是内容的传播,一是关系的传播,它不仅传递言语和非言语本身的意涵,还传递我们对于传播者与接收者的关系的预设。基于上述原则,可以从以下三方面来理解传播:

(1)首先,传播是一个过程。它是动态、持续不断的,如同河水一般变动不居,奔流不息。分析河流中的一瓢水并不能全面了解整条河,沟通过程中单个的词、句或行动也只有作为信息整体的组成部分才有意义。另一方面,正如

"人无法两次踏进同一条河流"一样,在传播过程中,无论是说出的话或采取的行动,都是转瞬即逝、不可重复的。即使面对同一对象,同样的话语在前后不同的情境中可能激起完全不同的反应。

(2)传播是符号性的。传播活动的开展有赖于语言符号的使用,包括言语符号和非言语符号。符号的使用,即透过声音和形态来传达概念是人类特有的能力。从这一意义上说,传播是人类特有的行为。有了语言符号,才能超越时间和空间来谈论那些不在此时此地的人、事、物,抽象的思考才有可能。朋友告诉你,他为你准备了一个小"惊喜"。此时,你的头脑中会产生对这一"惊喜"的猜测:是毕业后多年不见的同班好友,是精品店里爱不释手的那个玩偶,还是喜爱的艺人的演唱会门票?"惊喜"二字究竟会激起何种想象,不仅与个人经历有关,还与你所处的文化圈层有关,这两方面共同决定你对符号意义的解读。

(3)传播达成意义的共享。使用语言的目的,在于传达和分享彼此的体验、观点、态度、信念、情感以及对双方关系的预设。换言之,传播能创造共通的意义空间,实现对彼此的理解。然而,语言符号有任意性,在不同文化中、对不同人而言,同样的声音和形态可能指向完全不同的概念,误解成为传播的题中之意。传播因此是集体合作的过程,每一个参与者都对传播效果负责。传播活动的参与者共同致力于意义的分享和创造时,传播活动才能顺利进行。因此,与他人的关系破裂时,不要急着责备对方或自己,在弄清楚问题症结之前,也不要急着修复关系——传播不是单方面努力的结果,关系的维系或修复需要双方共同参与和付出。

二、小团体传播

基于上面的讨论,可以这样描述"小团体传播":由三人或多人构成的群体使用语言符号共享意义的过程。小团体通常拥有共同的目标,传播的过程是成员合力达成目标的过程。对"小团体传播"的界定还应该加上"共同目标"这一限定条件。综上所述,小团体传播是一个由三人或多人构成的群体,使用语言符号来交换信息、分享意义,以达成共同目标的过程。

为了更好地理解小团体传播的内涵,下面将比较小团体传播与其他类型的人类传播的机制。最接近小团体传播的类型是人际传播和组织传播。三者之间的首要差异显然是参与者规模不同,人际传播是二元主体的沟通活动,小团体传播的规模通常为 3～15 人,组织传播则是多个小团体之间的沟通互动。

然而,规模还只是最容易觉察到的差异,上述几种传播形式之间还存在很多深层次的、不易观察到的差别。以人际传播和小团体传播为例。课堂上,你和坐在你旁边的一位同学一起讨论老师提出的问题——什么是最安全的交通工具。基于各自的经验,你们展开讨论。很快,你发现你们的想法存在很大分歧,彼此争执不下。你的发言越来越激动,对方趋于沉默。后排两位同学见状,主动加入谈话,表达他们的意见和看法。随着后排同学的加入,之前因为意见分歧几乎进行不下去的谈话得以继续展开,争论依然存在,但氛围却趋于缓和。为什么会这样?

在人际传播过程中,信息经由单一渠道传递。在团体互动的过程中,信息、资源等可以经由不同的渠道被传递,存在特定的"传播网络"。例如,在一个五人构成的小团体中,传播网络(图 1-1)可以呈现为"车轮状"或"全通道状"。在车轮网络中,其中一位成员掌握全部信息和资源,了解其他四位成员的动态,后者彼此之间少有联系;全通道网络意味着所有成员相互分享信息和资源。

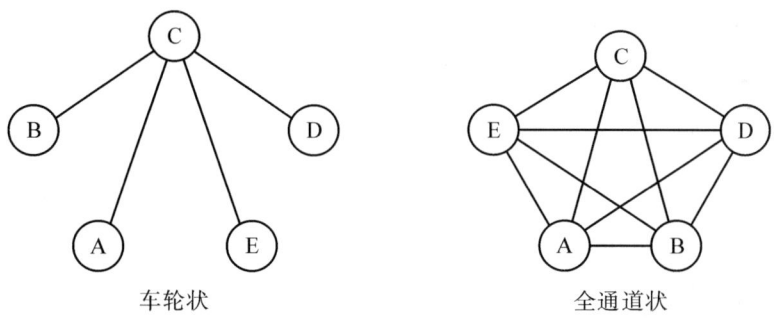

图 1-1 小团体的传播网络

由于多元渠道的存在,与人际传播相比,小团体传播相对稳定。人际传播基本依赖对方的反应,反馈一旦中断,互动可能继续,但难以持久;在小团体中,通常无人拥有完全破坏整个系统的权力。在设想的场景中,当旁边的同学放弃表达观点,一言不发时,沟通可能终止;后排两位同学加入讨论后,身边的同学可以与后排的同学交谈,你也可以继续向其他人表达观点,讨论依然可以进行。相对于人际传播,小团体传播可能带来更多分歧和冲突,但它在舒缓紧张感方面也更具优势。

另外,良好的人际传播能带来对交谈对象的好感,成功的小团体传播能导致个体成员对整个团体的认同感。当小团体存在的主要目标是共同完成特定任务时,成员会产生对所属团体的认同感。这种认同感源于团体成员高度的相互依赖性——团体目标的达成和个体需求的满足有赖于与其他成员的协作,每一个人不仅对自己的成败负责,还要对他人的成败负责。这并不是说人际传播的参与者彼此之间不相互依赖,而是说他们感到要负责的对象是个体而非团体,因此也就不可能产生"团体感",不存在所谓的团体认同。

第二章　作为系统的小团体

　　曾经，几位未经任何训练的牙买加人聚集到一起，合力争夺加拿大卡尔加里冬季奥林匹克运动会的金牌。这个组合由一位手推车者、三位短跑运动员和一位教练组成。其中，桑卡是牙买加最好的手推车者，他的朋友德里斯是受欢迎的田径短跑运动员。尤尔是情绪多变、易怒的短跑选手。朱尼尔是富有的短跑运动员，曾经在比赛中犯规，绊倒尤尔，致使尤尔与金牌擦肩而过。教练欧文是奥林匹克雪橇赛的金牌得主，后因作弊离开体育界。

　　由于缺乏资金和练习场地、比赛用具短缺、支持者寥寥，牙买加人对这支雪橇队不抱任何希望。令人吃惊的是，困难一个接着一个出现，雪橇队反而变得越来越团结。最终，他们赢得参加奥运会的资格，顺利进入决赛。在争夺金牌的最后一圈，尤尔从雪橇板上滑落并受伤。尽管如此，队员们并未中止比赛，而是拿着雪橇板走到了终点。看到这一场景，其他国家的雪橇队和在场的牙买加人报以热烈的掌声。

　　这个故事涉及一般系统论的多个重要方面，下文将结合其对一般系统论进行细致的说明。

第一节　一般系统论的基本原理

一、一般系统论的提出

　　奥地利理论生物学家路德维格·冯·贝塔朗菲于20世纪20年代提出一般系统论。在贝塔朗菲看来，有机体是复杂的、不断变化的整体，当中包含某些持续存在的过程和关系。对这些过程和关系的综合、动态的考察，是理解有机体的关键所在。

在所有类型的有机体中,人类的身体最复杂。我们不难觉察到由身体各部分独立控制的行为活动,却经常忽视这些部分之间的协作关系。比如,你在路上走,前面的巷子突然蹿出一只恶犬并对你狂吠。你的眼睛首先捕捉到这一场景,将信息传输至大脑;肾上腺素因此分泌并释放到血液中,身体肌肉变得紧张,脉搏和呼吸加快;与此同时,血液从其他器官涌向肌肉,不必要的功能如消化会暂时停止,以提供足够的能量帮助你奔跑。狗主人及时出现,制止这条狗时,你的身体可能还在发抖,但慢慢地,你的肌肉、骨骼、神经、循环和消化系统会逐渐恢复到平常状态。实际上,哪怕只是坐着,我们身体各部分也在密切配合:我们会自主地呼吸,眼睛会眨,心脏会跳,身体里的细胞会随着血液而不断变化。

最初,一般系统论强调将身体视为整体,探索有机体运转的机制,发掘生命的奥秘。后来,这一理论被社会科学研究者广泛用于对复杂的人类群体(如家庭、组织)的研究。作为人类群体的基本类型,小团体的相关研究也受一般系统论的深入影响。接下来,先了解一般系统论的基本概念和主张。

二、系统的构成与发展

理解一般系统论,首先得认识与"系统"有关的核心概念和术语。

1.系统的构成

所谓系统,就是功能上相互依赖的多个部分构成的整体。各部分之间不相互依赖,系统就会沦为多个部分的简单加总。牙买加雪橇队就是一个系统。在这支明知不可为而为之的雪橇队里,三个重要的组成部分相互依赖,共同影响整个队伍的生存和发展。

第一个组成部分是成员本身具有的才能。冠军雪橇队需要一个驾驶者和三个强壮的推雪橇人,这个团体刚好都具备:桑卡是牙买加最好的手推车者,对德里斯也十分忠诚;德里斯生来就适合参加奥林匹克比赛,他不仅速度快,还拥有激励别人的能力;朱尼尔和尤尔也都是优秀的短跑运动员。

第二个组成部分是团体的比赛计划。教练欧文怎样把才能各异的运动员安排到合适的位置上?手推车者是否应该成为雪橇驾驶者这一简单的问题引发团体的第一次争吵。桑卡觉得应该由他来驾驶雪橇,但欧文认为驾驶者需要随时随地保持专注,不仅要对比赛结果负责,还要为队员的生命负责,相较于桑卡,德里斯更适合当驾驶者。最终,桑卡担任雪橇队的刹车手。

第三个组成部分是团体的领导能力。成员被安排到合适的位置上以后,团体领导者如何协调成员关系,激发大家的斗志,提高比赛水准?德里斯努力调和尤尔和朱尼尔的负面情绪,欧文则鼓励成员,激发他们的潜能,并在比赛过程中及时调整战术。

成员的不同能力、教练合理的比赛计划以及适宜的团体领导方式将这支雪橇队顺利送入奥运会的决赛。这三方面的因素相互依赖、缺一不可。

2. 系统的动态发展

系统的动态发展与三个方面有关——输入、转换和输出。其中,"输入"指从系统外部带入系统之中的所有因素。在小团体中,人员、信息、能量以及其他有助于任务完成的资源共同构成系统的输入。输入是小团体最初具备的"原材料",成员用它来完成任务,达成目标。雪橇队队员带入团体的所有因素,如他们的智商、速度和适应恶劣天气的能力,都是团体的输入,会影响整支队伍的表现。比赛当日运动员状态的好坏、比赛器材的准备调试情况、对手的实力等也属于输入的范畴。

"转换"指系统使"输入"转化成"输出"的全部活动。在雪橇队的例子中,教练欧文安排队员的角色,德里斯协调成员之间的关系,都属于团体"转换"的范畴。正是他们的合理配合,为雪橇队惊人的表现打下基础。

"输出"指系统转换过程的结果,既包括新产品、书面报告等有形的结果,也包括一些无形的结果,如凝聚力的改善、个体的成长。在雪橇队的例子中,团体的输出并不仅仅是奥运会决赛资格,还有队员对自己、雪橇队和国家的自豪感。此外,输出还包括队员凝聚力的增强、技术的提高。加入小团体的人通常期待积极、有益的输出,但现实生活中消极、负面的系统输出很多,如劣质的产品、成员彼此之间的敌意。

输入、转换、输出之间彼此依存。输出的结果经常作为输入重新进入系统,引起系统转换过程的变化,形成新的输出。例如,一位成员加入年末报告事宜的讨论,却不愿意跟其他团体成员交流(输入),他的表现影响整个团体的互动效果(转换),导致成员满意度降低(输出)。随后,作为新的输入,较低的满意度会干扰成员的交流氛围(转换),导致团体始终无法形成共识(输出)。

第二节 系统内的相互依赖

系统各部分之间的相互依赖是一般系统论的主要内容。根据表现形态的不同,可以把系统内的相互依赖机制分为两类——波纹效应和协同效应。

一、波纹效应

系统中,再细小的部分都可能对整个系统产生重大影响,这被称为"波纹效应"。把一块石子扔到水里,平静的水面会泛起涟漪,系统中的某一部分发生改变也会引发连锁反应,影响整个系统,带来系统的剧变。

历史上有很多波纹效应的例子。比如,1918—1919 年始于欧洲的流行性感冒。当时,有超过 10 亿人患上这种疾病,400 万人因此死亡,死亡人数比"一战"和"二战"死亡人数的总和还要多。健康的人们害怕受到病毒的侵袭,避免跟外界接触,排斥与他人的交流互动,劳动力因此大量流失,最终导致欧洲经济陷入困境。类似例子还有很多,国内 2003 年"非典"的蔓延也曾引发危机。

波纹效应并不总是产生消极作用,生活中常常能看到积极正面的波纹效应。比如,父亲得到提拔、薪水上涨,家里的经济状况得到改善,孩子可以去条件更好的学校学习,毕业之后找到满意的好工作。再比如,一个孩子获得名牌大学的奖学金,他的家族也可能从中获益——孩子的个人成就能激励家族中的其他成员制定类似的目标,比如堂弟就可能从此以考取相同或更高等级的大学作为奋斗目标,更加勤奋地学习。

二、协同效应

"协同效应"原本是物理化学现象,又称"增强作用",指两种及以上的部分相加或调配在一起产生的效果大于各部分单独作用的效果的总和。简单来说,就是系统大于各部分之和,"1+1>2"效应。就如同搭建房屋,只有当砖瓦、水泥、钢筋等材料结合在一起时,才能建造出既美观又坚固的房子。尽管如此，系统并不总有积极的协同效应。各部分之间无法形成合力，系统的效果也可能小于各部分单独作用的效果之和，即"负协同作用"。日常生活中，系统各部分之间的负协同作用也很常见。"三个和尚没水喝"的故事就是负协同作用的典型代表，它用诙谐幽默的方式说明"1＋1＋1＜3"的情况。

第三节　系统与环境的相互依赖

接下来关注系统与环境之间的相互依赖。本节介绍一般系统论的核心概念，包括生命周期、环境、反馈、开放系统和封闭系统。

一、生命周期、环境与反馈

长远看，任何系统都会经历孕育、出生、成长、成熟、衰退直至灭亡的生命周期。为了延缓衰亡，系统不断与环境互动，以适应环境的改变。所谓"环境"，指系统存在和发展的全部外界条件的总和。

1. 系统与环境之间的关系

系统由多个部分构成。作为整体，系统独立运转，与系统外的环境相互依赖。每一个系统都是环境这一更大系统的组成部分。环境由无数个系统构成，是"更高层级的系统"。

团体外的一切影响因素构成小团体的环境。小团体与环境的关系是十分重要但很少被研究的问题。作为系统，小团体与周围环境之间相互依赖：一方面，小团体受环境的影响；另一方面，小团体反过来塑造周围环境。

牙买加雪橇队的案例中，一方面，其他人的态度，如其他参加冬运会的雪橇运动员及其教练的看法以及牙买加媒体的报道都曾影响雪橇队的表现；另一方面，雪橇队的成功也影响参加冬奥会的其他雪橇队以及牙买加整个国家——当其他雪橇队看到牙买加队的勇气和能力时，他们的态度从无礼转为尊重，当初反对欧文出任国家队主教练的牙买加媒体也开始接受和认可他。

2. 反馈机制

系统与环境之间的相互影响透过反馈机制实现。所谓"反馈"，指系统输出中的一部分以输入的形态重新进入系统。它是环境对系统输出的反应，是系统具备适应能力的关键。

反馈帮助团体成员决定是否进行调整。雪橇队良好的训练表现帮助欧文确认排兵布阵的合理性。在试跑的过程中,雪橇队的运转情况为德里斯的策略调整提供依据。

尽管如此,反馈并不都是正面、积极的,批评性反馈不可或缺。如何给予其他成员批评性反馈,是令人头疼的问题。最好的办法是把它夹在正面、积极的反馈中间,让它听起来针对团体而非个人。例如,欧文注意到,雪橇队的默契程度还不够,离冠军还有一定的距离。于是,他首先肯定队员滑行速度的提高,然后提到训练中队员差点掉下来,最后肯定队员越来越团结的好势头。差点摔下来的批评性反馈夹在两个正面反馈之间表达,队员们欣然接受教练的批评,士气不受影响。

反馈对小团体的有效性不同,并非所有的反馈都同样有用。有必要根据反馈的来源和产生环境来评估反馈与任务的相关性,特别是了解反馈者的状态以及这些反馈反映团体内在需求的程度。最初,欧文和队员之间并无太多信任,在成员位置以及其他比赛安排上,欧文获得的反馈并不那么正面。但他并不气馁,通过一场又一场的胜利来赢得队员的信任,获得有价值的反馈。

二、开放系统与封闭系统

开放系统也是一个基本概念。所谓"开放系统",指与环境之间互动频繁的系统,与之相对的是"封闭系统",即那些与环境之间极少互动的系统。改革开放前的中国更多是封闭系统,之后逐渐变为开放系统。封闭系统一般具有刚性、不可贯穿的边界,开放系统的边界则具有可渗透性。用系统论的视角来观察现实世界会发现,几乎所有系统都是开放系统,很少有系统完全不与环境进行任何物质、能量或信息的交流。

开放似乎要比封闭好。的确,由于系统与环境之间的物质、能量或信息交流,开放系统具有自动调节能力,其演化过程是减熵的过程——透过与环境之间的交流,系统的组织化程度或有序化程度不断提高,系统内部结构更趋复杂,功能更趋完善,整个系统由低级向高级发展。地球生物进化历程就是开放系统演化的重要模式。

但开放系统也有缺点。系统与环境之间过于频繁的交流导致负效率。赵磊是一个小型公司的老板。一天,他的一位朋友提出与他合作,给办公室员工配备最新、最复杂的高科技设备。赵磊接受了这位朋友的提议,却未在落实这一决定之前对员工进行技术培训。结果,革新给员工带来巨大麻烦,极大降低工作效率。为了恢复办公室的效率,赵磊要求员工在周末工作半天,这一举动成为"压死骆驼的最后一根稻草"——员工纷纷辞职,公司不得不关门歇业两周。

开放意味着改变和不稳定,封闭则意味着静止与稳定。系统有效运作的关键,在于变与不变之间的动态平衡。过于开放或封闭不变都不利于系统的发展。过于封闭会让系统停滞,显得单调;过于开放又会造成系统混乱。任何系统中都不存在稳定和改变的完美平衡点。动态平衡的关键,在于调节系统输入的程度和速度,避免因为太多的改变摧毁系统。对输入以及由此产生的系统改变的管理,称作"边界控制"。

第四节　作为系统的小团体

下面讨论小团体的动态发展过程和机制。首先,梳理作为系统的小团体的输入、转换和输出变量的类型;然后,描述小团体内部的相互依赖机制;最后,讨论小团体的动态平衡和边界控制问题。

一、小团体的输入、转换、输出

系统输入、转换、输出是小团体的三个重要环节。小团体的输入大致包括四个方面——目标或任务、团体成员、团体资源以及环境因素。细分这四个方面,目标或任务可分为组织或团体的任务和成员自身的目标两类;成员方面主要包括人口统计学特征,年龄、性别,成员的需求、态度、责任感、价值观、信仰,成员的个性与技能;资源方面包括有关任务的信息和知识以及时间、物力、财力等;环境因素主要分为物理环境和精神层面上的环境,后者如组织赋予的自主权。

小团体的转换包括五个方面:团体规范,如鼓励对观点的批判性思考还是对意见照单全收，鼓励不同意见的公开表达还是压制冲突；成员行为，包括观点的表达、合作意愿的表达、异议的表达和协调、凝聚感的表现等；传播网络，包括成员间相互交谈的程度，成员发言的平衡程度等；位阶关系，包括领导的类型、权力和影响力的分配情况等；程序方面，包括讨论的程序，决策和问题解决的程序，决策执行的程序。

小团体的输出包括有形的结果和无形的结果两类：前者如报告、决议、解决办法和物品；后者包括成员对于彼此的感受、成员的满足感、成员对于团体的认同、成员的个人成长、团体的成长以及外部环境的改变等。

二、小团体内的相互依赖

在小团体中，每个人不仅要做好份内的工作，为团体任务的完成或目标的达成做出贡献，还要密切关注团体进程中的其他因素——任何一个环节、部分或因素的相互依赖，都可能改变小团体的状态、进程和最终结果。了解波纹效应有助于成员认识自身对小团体的影响。

小团体的协同效应表现在哪些方面呢？一方面，在很多情况下，较之个体的单打独斗，团体合作往往能更好地实现目标，这本身就是协同效应的表现。面对共同的问题，成员各自为政，协同效应不会产生。例如，小组要完成一个报告，成员的任务是各自回答其中的一个问题。如果小组不展开讨论，彼此商议，小组报告的最终质量会与个体独立完成的报告的质量相差无几。

另一方面，成员具有深层次多样性的团体比成员相对单一的团体更可能产生协同效应。所谓深层次多样性，指团体成员在与任务有关的方面，如知识、价值观、信念、问题解决策略方面有实质性差异。具有深层次多样性的团体的总体表现可能超过最优秀成员的个人表现。为了产生更显著的协同效应，小团体应积极寻找具有多样性的成员。

三、小团体的动态平衡

系统的封闭或开放，取决于它与外界环境之间相互依赖的程度。一般说来，小团体是一个开放的系统。人们通常乐见一个开放的社会和保持开放的思想和价值观的个体。这在美国文化中表现得尤其明显。多数美国人强调和鼓励开放，反对和排斥封闭。事实上，开放和封闭没有绝对的优劣之分。没有哪个团体能长时间忍受持续不断的改变,也没有团体能完全隔绝外部的影响。

对于小团体而言,开放有利也有弊。班级里的小组如果在信息控制方面保持相对封闭的状态,有可能错失有价值的信息或想法;如果选择与外界环境保持相对开放的状态,小组就要投入更多时间和精力,对更多的资源进行消化和处理。当输入给成员施加过大压力,阻碍进度时,小团体就必须对输入进行管理。例如,一个家庭有向朋友或亲属寻求建议的时候,也有自动隔绝外界打扰的时候——过度热心的建议或批评可能干扰家庭氛围,导致家人之间的争吵、冲突甚至家庭的破裂。

如果团体运转情况很糟糕,无法达成目标或完成任务,时间又很紧迫,我们有必要对这个团体做出重大改变。例如,球队在前半个赛季表现不佳,教练必须重新排兵布阵,剔除没有效率的因素,建立一个偏离原有系统的更好的系统。有时候,对系统的重大改变需要持续不断的努力。重建一支优秀的球队可能需要将原有的球队完全拆散,加入新鲜血液,然后重新训练、磨合。这个过程通常一次完成不了,需要进行若干次大的调整,才能从根本上改善球队的表现。

在小团体中,成员应该时刻观察团体是否存在过度开放或封闭的趋势。例如,团体讨论过程枯燥乏味、缺乏创造力时,增加与外界的交流与互动会让局面有所改善;成员缺乏时间来消化环境带来的改变时,暂时隔绝外界的干扰会是更好的选择。

四、小团体的边界控制

作为系统的基本功能之一,边界控制决定了由外部环境进入系统的输入的数量及其影响程度。透过边界控制,小团体控制输入的影响,适应改变。没有哪个团体能够完全与外界隔绝,每个小团体都在一定程度上维持着边界控制,包括建立物理、心理和语言边界,创建信息网络、规则和角色,以便对输入的程度、速度甚至目标进行自主调控。

1.确立物理边界

小团体边界控制的常见策略之一是建立和维护独立、不受打扰的物理空间,确立小团体的物理边界。有许多物理边界能够对团体外的成员传达"请勿入内"的信号。例如,将团体成员集中到会议室或选择一个偏僻的地点开会,避免外人经过或打扰。生活中常见的警戒线也属于物理边界的范畴。不过，物理边界并不总是那么明显。比如，黑社会帮派会指定一些城市街区作为他们的地盘，区分不同帮派地盘的方式通常并不可见，不为外人所知。

2. 确立心理边界

另一控制输入的策略是区别对待团体内外成员，确立小团体的心理边界。有时候，团体成员会拒绝与某些人之间的交流。例如，在"文化大革命"时期，出身不好的学生常常被其他同学孤立。心理边界不仅存在于团体内外，也存在于团体内部成员之间。通过回避交流的方式，团体成员将个别或某些成员排斥在外。团体讨论的过程中，成员的贡献被忽略或者发言无人理会，感到被孤立，就意味着心理边界的确立。

3. 确立语言边界

使用特殊的语言，建立小团体的语言边界也是常见的边界控制策略。例如，团体成员经常使用暗语、代号或其他新加入成员或外人难以理解的言语表达方式。想象一下，你在电梯里听到几个女性闺蜜的对话，其中一个对另外一个说："哎呀，连着几天加班好累啊！那个老魔头太恐怖了！感觉随时有双眼睛在后面盯着你。你看看我的皮肤，都快成老树皮了！今天休息，我终于可以歇一下了。咱们下午老时间老地方见哦！"不是"姐妹淘"的一份子，根本不可能知道"老魔头"是谁，"老时间""老地方"指什么。

4. 控制信息流

另外，一些小团体还会采用特定的沟通渠道和网络来控制团体间信息的进入，隔绝团体外的影响。例如，脸书原本只限于哈佛大学的学生使用，外人不能进入，是一个相对封闭的网络。在课堂上，一些作业小组会利用社交软件的分组功能建群，将班级其他人隔绝在外。

5. 制定团体规则

另一种常见的边界控制策略是制定团体规则。团体规则清楚地指明团体成员必须遵守的行动标准，划定被团体接受和反对的行为的界线，控制外来的信息流入。例如，2010年，美国司法部规定，禁止陪审团成员在法庭上使用任何电子设备接入互联网，包括使用网络聊天室、博客、脸书、推特等，避免因为陪审团的不当行为引起无效审判或审判变更。

6. 确立角色边界

一些小团体还会要求成员行为符合角色期望，以保持内在的稳定性。角色是小团体对个体成员的行为模式的期望。角色边界和文化紧密相连，不可分割。例如,在美国,经理必须尊重员工工作与私人生活的界线,提醒尚未结婚的大龄女员工参加社交活动会被认为是"越界"的行为。而在印度,安排女员工参加相亲晚宴被认为是领导关心员工的行为,员工乐于接受邀请。如果此类行为发生在美国,结果很可能是一纸诉状,双方对簿公堂。

第三章　加入小团体的动机

晓睿选修了一门传播学的专业课程,应授课教师的要求,她自愿加入班上的一个作业小组。这个小组致力于推进一项改善边陲地区基础教育设施的公益活动,由包括晓睿在内的五位成员构成。其中,组长苏苏为人随和、热心公益;成员阿黎个性活泼、乐观,也是公益活动的活跃参与者;晓睿性格沉静、内敛,从一开始就以完成作业、拿到学分作为加入团体的唯一目标。

在公益活动的前半段,所有成员都很表现出很高的工作热情。进入执行阶段后,由于涉及的议题十分繁杂,组长苏苏频繁地召集成员开会,大多都是临时发起。由于准备不足,会议的讨论效率偏低。苏苏缺少计划的行为引起包括晓睿和阿黎在内的很多成员的不满。晓睿开始编造理由拒绝参加自己来不及准备的会议,即使参加也很少提出创造性观点,对于会上分配的任务更是能少做就少做。与晓睿不同,尽管也是满腹牢骚,阿黎还是保持很高的工作热情和效率,任劳任怨,全力付出。

面对同样的问题,为什么晓睿和阿黎的表现如此不同?一种可能的解释是二人动机上的差异——阿黎热心公益,希望透过自己的行动切实改善边陲地区的基础教育设施,愿意为团体任务而努力;晓睿的唯一想法就是完成作业、拿到学分,不乐意为这一门课花费太多时间和精力。由于晓睿和阿黎在加入作业小组之前的目标不同,她们采用了不同的方式来评估和应对小组中存在的问题。

这一案例涉及的基本议题,即个体加入小团体的动机及其影响,是本章将要讨论的重点内容。下文将可能的动机分为四类——人类的基本需求、人际吸引力、团体吸引力以及其他动机。对这些动机的了解,是认识小团体的多样性的第一步。

第一节 人类的基本需求

为何加入小团体,最容易想到的原因不外乎是人的天性。人是群居性动物,对于群体的需要和对食物的需要一样强烈。早在远古时期,人类就已经开始群居生活,共同对抗动物的侵扰和恶劣的自然环境的挑战。社会人的天性帮助人类创造漫长的历史,延续至今。对于人类而言,加入小团体,如家庭、社团、企业董事会,与他人展开社会交往,是本能的需要。

接下来,介绍几种与人类基本需求相关的理论,它们强调传播在个体生存过程中的重要性。了解这些理论,有助于理解个体加入小团体的基本动机。

一、"需求五层次"理论

1943年,美国心理学家亚伯拉罕·马斯洛在《人类动机理论》一文中提出激发人类行为的五个层次的需求,分别是:

(1)生理需求。个体对水、空气、食物、睡眠、性等的需求。马斯洛认为,这是人类最低层次的需求。

(2)安全需求。个体对于安全和保护的需求,如对健康、人身安全、财产、有保障的工作的需求。在孩童时期,这些需求主要通过家庭得到满足。成年之后,很多人脱离家庭,通过组建或加入新的团体来满足安全需求。只有当安全需求得到满足时,个体才能生存。

(3)归属的需求。个体成为群体成员的需求,表现为对爱情、友情、亲情等的需要。在孩童时期,家庭为孩子提供归属感。随着年龄的增长,很多人开始向家庭之外的其他群体寻求归属感。青春期的个体对于归属感的需求最强烈,个体行为会较多地受到同龄人的影响。

(4)尊重的需求。马斯洛认为,在获得归属感之后,个体还需要获得他人的尊重。也就是说,仅仅被他人或团体接纳还不够,个体还渴望被认可和重视,需要被他人认为是有价值的。

(5)自我实现的需求。发挥个体潜力,实现自己的理想和抱负的需求。这是居于最高层次的需求,是最难实现同时也是个体最渴望得到满足的需求。

在马斯洛的"需求五层次"理论中,人类的需求存在等级秩序,只有当较低层次的需求得到满足时,个体才会产生较高层次的需求。马斯洛将以上五种需求分为两类:一类是"生存需求",包括生理和安全需求;另一类是"心理需求",包括归属、尊重和自我实现的需求。马斯洛认为,一旦生存需求得到满足,个体就会重视和追求更高层次的心理需求。可以看到,从生理需求到心理需求,传播在需求满足过程中扮演的角色越来越重要。追求的需求层级越高,个体对于社会交往活动的重视程度也就越高。

另一方面,不同的需求会带来不同的行为方式。马斯洛把前四种需求称为"匮乏需求",即个体感受到内在的匮乏,需要通过从他人那里获得资源来填补这种匮乏的需求;最后一种需求——自我实现的需求称为"存在需求",即个体将自身的潜能发挥到最大,过上充实而有意义的生活的需求。出于存在需求加入小团体的成员的行事方式可能迥异于受匮乏需求驱动的成员的行为。

二、"人际沟通动机"理论

美国心理学家威廉·舒茨认为,人类出于三类需求参与和开展人际交往,分别是"接纳""情感"和"控制"。这三类需求同样影响个体对小团体的选择和在团体中的传播行为:

(1)接纳。个体希望与别人接触、交往并建立和维持和谐关系。每个人都需要作为独一无二的个体被他人认识、理解、接受和重视。从这个意义来说,舒茨的接纳需求同时包含马斯洛所说的归属需求和尊重需求。

(2)情感。个体与别人建立和维持亲密联系的需要。这一需求促使我们向他人传递温暖的情感,也接受他人的情感付出。

(3)控制。个体控制他人或者被他人控制,提供或寻求指导和方向的需要。对控制的需求其实反映个体对社会地位和权力的需求。有时候,我们需要获得社会地位和权力,对他人施加影响;另一些时候,我们需要让别人来控制自己,从他人那里获得指导和方向。

舒茨认为,这三种人际需求都可以转化为行为动机,用于预测个体在人际交往中的行为倾向。后者又分为主动和被动两种情况:接纳需求激发的主动倾向表现为主动与人交往,积极参与社会生活,被动倾向表现为退缩、孤僻、期待他人的接纳;情感需求激发的主动倾向表现为对他人表达友善、喜爱、同情和亲密感,被动倾向表现为冷漠、期待他人对自己表达亲密感;控制需求激发的主动倾向表现为喜欢运用权力影响及控制他人,被动倾向表现为期待他人引导和支配,愿意追随他人。孩童时期的经验影响个体的行为倾向,如果三类需求没有得到充分的满足,成年后个体的人际交往行为可能表现出被动倾向。

个体基于不同需求加入小团体,会采取不同的方式行事。即使是基于同一需求加入小团体,由于早期经验的不同,成员也可能采取不同的方式与人交往。总体上,成员对于接纳、情感和控制的需求会持续不断影响小团体的发展。在小团体形成的初期,互动主要满足接纳的需求,成员会友好谨慎地交谈,观察和揣摩他人的反应,希望被他人接受;之后,控制的需求变得明显,成员开始表达不同意见,争夺领导地位;冲突得到缓解后,成员会转而寻求情感满足,彼此表达积极正面的感受。这几个阶段周而复始,循环往复,直至团体目标最终达成。

三、人际沟通动机理论的发展

继舒茨之后,丽贝卡·鲁宾等人进一步丰富人际沟通动机理论,强调人际沟通的目标导向,认为个体之所以经常主动与他人沟通是为了满足人际交往需求。常见的人际沟通动机有六种(表 3-1),分别是接纳、情感、控制、逃避、愉悦和减压。这六种动机可以用来解释人际沟通的原因、方式、对象和内容。

表 3-1 人际沟通动机

动机	定义
接纳	为了获得归属感而与他人沟通
情感	为了体验爱与被爱而与他人沟通
控制	为了控制周围的环境而与他人沟通
逃避	为了避免产生让自己感到不适的情形或逃避某些活动而与人沟通
愉悦	为了获得愉悦感而与他人沟通
减压	为了释放压力、降低紧张感而与他人沟通

个体参与团体合作的原因可能只包含上述人际沟通动机的一点,也可能

是六点。相较于为了控制需求而进行沟通的团体成员,以愉悦、情感、接纳和减压为动机进行沟通的团体成员能获得更高的满足感,产生更强的凝聚力。与那些以控制和逃避为目的的团体成员相比,为了获得愉悦和情感进行沟通的团体成员更关心其他成员,更多回应他人需求。此外,以愉悦和情感为目的的团体成员会向其他成员传递更多令人愉快的、友爱的信息,以控制为目的团体成员会与其他成员更频繁地互动。

第二节 人际吸引力

有时候,加入团体是因为受到团体成员的吸引,希望与他们建立或保持联系。比如,加入读书会可能因为最好的朋友是读书会的会员。在影响人际吸引的众多因素中,接近性、相似性、互补性和外表吸引力的效力最显著。

一、接近性

接近性指物理距离较小。一般说来,人们更容易被那些与自己在物理空间上较为接近的人所吸引。你是否曾经或正处于一段异地恋之中?你是否尝试使用各种方式,如通电话、互发短信和微信来和对方保持联系,却依然被触不可及的感受困扰,时刻担心关系变冷?试想一下,如果你们居住在同一个城市,甚至同一个社区、同一栋楼,恋情的维系还会这么困难吗?

在同一个单位工作,念同一所大学,住在同一个社区因此经常碰面的人更容易建立亲近的人际关系。物理上离得越近时,越容易与他人发生密切的互动。接近、接触和互动有助于发现更多的相似点,找到满足双方需求的办法,培养彼此之间的熟悉感,增强相互的吸引力。例如,不得不和另一人一起工作或分享同一套公寓时,你可能会刻意忽视这个人的不足,减少潜在的冲突,与对方建立起良好的关系。

设想一下,在可以选择的情况下,你是不是也更喜欢与舍友或住在同一层宿舍的同学组成作业小组?虽然较短的物理距离不一定总会发生人际吸引,长时间保持远距离亲密关系的情况也确实存在,但距离的确会使人际关系更容易陷入紧张状态,更难以发展和维持。这也是异地恋难以维系的根本原因。

当然，仅仅有接近性还不足以与他人建立联系。交流欲望的激发至少还需要具备以下三种因素中的一个——相似性、互补性和外表的吸引力。

二、相似性

很多大学社团和互助小组之所以有吸引力，是因为他们的成员与我们有相似性。通常，人们更愿意与跟自己相似的人交往，如拥有类似的成长经历、受教育情况、经济水平、兴趣爱好、态度、价值观、信仰。相似性是影响人际吸引的显著因素。基于相似性，我们会更愿意与一些人交流，而将另一些人拒之门外。

还记得上大学的第一天，初来乍到时的孤独感吗？那时候，你一定觉得自己特别需要朋友。在你环顾四周、搜寻朋友的适合人选的过程中，你会锁定那些看起来跟你风格完全不一样的人吗？现在，再打量一下你身边最亲密的朋友：你们是不是拥有与你相似的态度、信念或价值观，喜欢类似的休闲活动？

"近朱者赤，近墨者黑"，人们总容易受到志同道合者的吸引。相似的成长经历、社会背景、态度、价值观和信仰会使人与人之间更容易互相理解和欣赏。没有人不享受被别人理解和喜欢的感觉。我们不一定赞同他人所有的态度或观点，但我们需要感受到他人在一些基本观念上与我们的相似，特别是在需要合作的领域或议题方面相似。

"道不同不相为谋"，人们往往会避免和观点不同的人交流。不过，如果双方只是因为观点的分歧而产生紧张感，大可不必回避交流。只要暂时放下之前争论的议题，轻松地交谈，紧张感就能有所缓解。这不是说为了保持和谐关系任何时候都要搁置分歧，而是强调不要轻视相似性在关系建立和维系过程中的重要性。把握不好分寸，再好的关系也经不起因观点不同导致的激烈争吵的冲击。

与社会文化背景相似、受教育程度相当、性格相合的人合作，成员彼此之间更容易相互理解，团体讨论的氛围会更好，也更容易形成共识。不过，团体成员相似性太高会使团体在观点、立场等方面高度同质化。当任务比较复杂时，成员高度同质化的小团体的决策效率和质量不理想。学生们最糟糕的团体经历有三分之二发生在由他们自己组建的小组中，最好的经历往往发生在被老师指派组建的小团体之中。

三、互补性

看完上文,很多人可能会摇摇头说,不对,我和我最好的朋友很不一样,在很多方面简直是风马牛不相及!有这样的感觉并不奇怪。没有哪个原则能适用于一切情境,相似性原则也不例外。虽然多数人际关系都建立在彼此相似的基础之上,也有一些关系遵循互补性原则。所谓互补,指人们会受到与自己不同且这些不同之处是自身所希求的人的吸引。换句话说,之所以被某些人吸引,是源于心理上的舒适感——尽管并不完全赞同对方的态度、观点或行为,但我们欣赏他们的不同,愿意与他们走近。

这就像磁铁一样,相同的两极相互排斥,相反的两极互相吸引。舒茨的理论就体现了互补性原则。根据他的理论,喜欢控制别人的人与喜欢被控制的人可以更好地相处,善于表达热情、善意的人更容易受到羞涩腼腆的人的喜爱。同样,喜欢管理各种事务,善于组织活动,乐于承担额外工作的人更适合与那些需要他人指导的人一起工作。

在小团体传播的过程中,同样有"同性"相斥、"异性"相吸的现象。喜欢提前规划,能不断提醒他人方向并给予细节指导的成员在做事消极被动、有"拖延症"的成员中很受欢迎。成员之间的差异性是团体内部多样性的基础,也是团体较之个体能更好地完成任务或达成目标的保障。尽管如此,差异性过大可能导致成员之间频繁、激烈的冲突,给团体进程带来不利影响。BBC的纪录片《我们的孩子足够坚强吗——中国式课堂》呈现中国教师采用自己惯常的方式给英国孩子上课的情景。这部纪录片在一定程度上放大了中英文化冲突,但它多少展示了差异性较大的团体在沟通过程中可能出现的问题。

四、外表的吸引力

最后一个可能导致人际吸引的因素是外表。人们更容易被相貌英俊或美丽的人吸引,更喜欢与容貌姣好的人共处。特别是在人际互动的初始阶段,外表的吸引力会对个体之间的相互吸引产生显著影响。比如,在选择交往对象或配偶时,初次见面的个体往往会基于对方外表形成最初印象,决定是否要进一步交往。成员外表的吸引力也是人们加入小团体的原因,例如,为了认识美貌或英俊的成员而选择加入社团。尽管如此，外表因素的重要性会随时间的推移而降低。

第三节 团体吸引力

除了被团体中的成员吸引外，也可能被小团体本身的某些特质吸引，进而决定加入该团体。这种吸引力常常源于团体的目标、活动、产品或服务、成员身份。

一、团体的目标

任何团体都有意图、宗旨和目标，如拯救世界，改变不合理的社会制度，研究新的产品营销方法。加入小团体，可能是因为其目标与个体目标一致。例如，传播学会以提供学术交流为宗旨，对于渴望接触更多学界同仁的人来说，这类团体具有很大的吸引力。同样，志愿者团体、慈善机构对那些有爱心、喜欢从事慈善活动的人也很有吸引力。政治领域有种说法，叫"政治能让陌生人同床共枕"。意思是说，即使生活经历和社会背景迥异，一旦拥有共同的政治目标，也能加入同一团体，为共同的目标通力合作。

再比如，你可能单独去一个健身房锻炼过几次，但没能坚持。直到你和另外三四个人组团，每天一起锻炼，你才有了坚持健身的动力。尽管这三四个人在健身房外跟你几乎没有相似之处，但是在健身房中，你们就是一个团体，可以感受到密切的联系。如果健身房的管理者打算在你们通常锻炼的时段关闭健身房，你们还有可能联合起来共同抵制这种变化。这就是团体的天性——即使每个成员的社会背景和生活经历大相径庭，他们也可能因为共同的目标而加入或组成一个团体，展开合作。

二、团体的活动

团体活动也是促使人们加入小团体的原因之一。通常，人们出于对特定团体活动的喜爱而加入该团体。很多大学生在社团报名时会选择运动队、象棋协会、乐队或登山协会等有助于培养兴趣爱好的协会。喜欢同类活动的人更容易组成团体，比如，喜欢文学的人会加入文学讨论小组，喜欢足球的人会加入足球队。在这样的团体中，我们不仅能做自己想做的事情，还能认识到更多志同道合的人。

除了这些比较明显的例子，人们还可能对团体活动提供的社交氛围感兴趣，被一些常规性的团体活动所吸引。此时，互动活动本身成为人们加入小团体的原因。例如，有些人加入团体可能仅仅因为他喜欢团体讨论的氛围，喜欢隔三差五地开会，仅此而已，这种动机可能与团体目标一点关系都没有。小团体可以提供亲密的互动氛围，加深人与人之间的了解，帮助人们建立亲近的关系。比如，你可能在一次结伴旅行中结识很多新朋友，甚至找到自己心仪的人，收获爱情。

三、团体的产品或服务

团体提供的产品或服务也是吸引人们加入小团体的原因。例如，求职过程中，行业是否有发展前景，产品是否优质，客户服务是否受到好评，员工管理是否人性化等，都可能影响应聘者的选择。不少企业的员工同时也是本公司产品的"发烧友"。不难理解一个热爱苹果产品的人对成为苹果公司员工的渴望。在次一产品发布会上，美图公司产品规划总监表示，她曾经是美图 M2 手机的铁杆粉丝，这是她选择加入美图公司的重要原因。

四、团体的成员身份

有时候，人们之所以加入特定的团体，是为了获得团体成员身份带来的声望、社会认可或职业上的好处。例如，成为作家协会的成员意味着在文学界具有一定地位，某些人可能出于这样的原因加入其中。一些大学生之所以选择加入学生会，也是因为很多用人单位看重学生的实践经历，学生会成员的身份能转化为未来求职时的优势。再比如，你申请了某个"4A"公司的策划组实习岗位，只是因为该公司的实习名额出了名的难拿，进入该公司实习通常意味着申请者具有较强的个人能力。

第四节　个体目标与团体目标的关系

除了生存，接近你仰慕的人，发展个人兴趣以外，人们还会因为五花八门、意想不到的原因加入小团体。比如说，为了改善简历去知名企业实习，为了建立联系参加商业聚会。

不过，我们并不总是能自主决定是否加入小团体。大部分组织都会出现指派成员加入团体的现象，例如，新加入一家公司，你很可能被要求加入项目组。对于这家公司而言，将你指派到这个组很自然。如果你适应得不错，和团体中的其他成员建立良好的合作关系，那么一方面，你完成了自己的工作，另一方面，你也为组织使命的达成做出贡献。

加入小团体的动机很多，但归根结底一句话，人们总会抱着特定的目标选择加入特定的小团体，个体目标显著影响团体选择及之后的行为表现。

一、个体目标与团队目标的作用机制

加入特定的小团体后，个体会根据目标采取行动。有时候，个体行为会以团体为中心，致力于推动团体的成功；另一些时候，个体行为会以自我为中心，关心自身利益的实现。这两类行为会对团体产生不同影响。比如，当一个女子篮球队大前锋的目标是帮助自己的球队赢得比赛时，她会在球场上积极地与其他队员合作，抢篮板，卡位，防守，帮助小前锋得分；如果她设定的目标是使自己成为球队的最佳得分手，那么她可能不会把球传给队友，而是抓住一切机会灌篮，展现个人能力。除非这名球员确实具备以一敌百的能力，否则后面这种做法会影响整个球队，导致球队失利。当个体目标和团体目标一致时，团体的运作效率会比较高，反之则会比较低。

总的来说，个体目标与团体目标的相互作用会产生如下四种结果之一：第一，个体与团体的目标完全不同，二者互相干扰，对个体成员和整个团体都产生不良影响；第二，团体的有效运作实现团体目标，但个体目标未受重视和满足；第三，一部分团体成员的个体目标得到满足，但团体受到破坏，团体目标未能实现；第四，个体和团体的目标非常契合，团体追求的目标恰恰也满足个体需求。多数团体都属于前三种情况,只有理想的、充分整合的团体才能产出第四种结果。

多数情况下,个体目标与团体目标之间的差异并不会给成员以及整个团体带来毁灭性的冲击。只有当个体目标与团体目标之间存在不可调和的冲突,团体又承担较高层次的社会责任时,个体目标的存在才会给团体带来严峻考验。例如,前往贫困山区支教或赶赴灾区执行专业搜救任务的团体,通常要求其成员在艰苦的环境中完成任务,有时候甚至需要面对各种危及生命的情况。此时,不受重视的个体目标可能会变成"隐藏议程"——个人貌似是在实现团体目标,实际却是在朝着自己的目标努力——对团体产生极大的破坏力。这类组织必须在团体组建初期充分考虑成员的目标,即成员能在多大程度上与团体共同承担相应的社会责任。在正式开展团体合作之前,每个成员都应该围绕团体的主旨谈谈自己的目标。开展此类活动的目的有二:第一,筛选团体成员,规避因为目标冲突导致的隐藏议程的负面影响;第二,明确双方目标,寻找个体成员与团体的共同利益。

二、协调个体目标与团体目标

小团体的成功在一定程度上取决于个体成员是否将团体目标视为自己的目标,与团体休戚与共。当个体需求与团体需求之间存在冲突时,为了达成团体目标,常常要搁置个体需求。这样做可能导致个体利益在某些方面的折损,但也会带来一些意想不到的回报。例如,你担任部门领导,想要成为单位的一把手,不仅要和关系最密切的部门同事交流,还要与单位里形形色色的人融洽相处,包括你平时看不惯的人,这会让你背负很大的精神压力。如果你能将注意力集中到部门目标上,与部门同事建立良性的合作关系,共同改善工作业绩,不仅有利于部门目标的实现,还可以帮助你获得归属感、成就感和压力释放的感觉——至少,你不必违心地与单位里的某些人亲近。

反复强调团体目标的重要性,是因为较之个体目标,团体目标往往更容易被选择性忽视,而成员的合作意愿和为团体目标而努力的决心又是小团体传播不可或缺的前提和基础。多数时候,个体目标与团体目标之间并不存在不可调和的冲突,团体目标的达成往往伴随着成员个人需求的满足和自身目标的实现。例如,积极参与小组讨论,认真完成团体分配给的任务,不仅可以提高小组期末报告的质量,帮助团体实现既定目标,还可以帮助你在这门课上获得高分,达成自身目标。

强调团体目标的重要性,并不意味着个体目标无关紧要,应该被折中或牺牲。在承担较高层次的社会责任的小团体中,个体目标不受重视可能导致灾难性后果。即使在一般的小团体中,如果成员的个体目标被漠视,即使团体目标顺利达成,成员对团体的满意度也会大打折扣。因此,在努力实现团体目标,也要关注、明确和尽可能满足个体成员的需求。

在一个小团体由学生组成的作业小组里,团体目标是开展一个小规模的、具有较高水准的探索性研究,成员的目标则是完成作业,顺利拿到学分。为了平衡这二者之间的关系,小组组长采用"一言堂"的领导风格,自己规划每一个阶段的任务,然后通过电子邮件或微信的方式通知成员自愿领取和完成任务,最后由组长统一汇总、整理,形成研究报告。这一领导方式极大节约了成员的时间,得到成员的积极配合。最终,这个作业小组出色地完成研究任务,每一个成员也顺利拿到这门课的学分。灵活地平衡个体目标和团体目标的关系,是小团体获得成功的关键。

第四章　小团体的多样性

小冯是公司技术部的一名普通员工,去年,在公司管理层的鼓励下,他邀请另外四名员工组建品管圈,共同寻找改善部门间沟通效率、降低沟通成本的方法。受邀的成员跟小冯原本就是关系不错的朋友,经常一起聚会,性格、价值观和个人能力比较接近。在小冯看来,跟朋友搭档沟通起来会更顺利,也更容易形成共识。接下来的合作确实映证了小冯的想法:从调研到解决方案的构思和执行,品管圈始终处于和谐氛围之中,成员总能迅速达成一致意见。

然而,在小冯和其他成员将他们的解决方案付诸实践的三个月后,他们从公司管理层那里得知了一个令所有人倍感失落的消息:由于品管圈提出的解决方案比较单一,且忽略了员工接受度这一关键性问题,公司决定撤销该方案,将部门间的沟通模式恢复到品管圈成立以前的状态。总结此次合作的经验教训时,小冯这样说:"我们五个人的性格和观念太相似了,思考问题的视角和思路很窄,创造力比较受限;五个人的能力很接近,各方面能力都比较平均,所以分工的时候没有办法形成互补,每一项任务的完成质量都比较一般;讨论过程总是很快形成共识,缺少质疑的声音,也没能引入第三方的意见,导致我们最终决策质量不高,甚至遭到一部分员工的抵制。"

小冯最终意识到的问题,其实就是小团体的多样性问题。学术界和业界均鼓励团体的多样性,认为多样性可以催生团体内的多元视角和观点,降低偏见对于决策质量的影响。尽管如此,多样性也意味着异议和潜在冲突。当小团体的多样性足够显著时,几乎每个成员都会产生自己是少数派的感觉,参与团体活动的意愿不高,团体很难有长远发展。

在大学校园里,人们会加入不同类型的小团体。身边的成员常常来自五湖四海,背景各异,说着不同的方言或母语。互联网的发展让越来越多人跨越地域的限制,与千里之外有着共同爱好或目标的人成为朋友甚至是伙伴,以各种各样的形式开展团体合作。多样性正在成为小团体的基本特征。为了改善小团体传播的质量,了解这一特征显得十分必要。

这一章从个体多样性和社会文化多样性两个层面来观察小团体成员的差异。其中,个体多样性表现在人格特质和传播特质两个方面,社会文化多样性主要表现在性别、年龄和文化这三个方面。

第一节 人格特质的多样性

为了探索小团体成员的个性多样性,我们引入"人格特质"这一概念。人格特质是一种稳定的心理结构,包括态度、价值观、信念和行为。哲学家戈特弗里德·W.莱布尼茨曾说过,"世界上没有两片完全相同的树叶"。同样,世界上也没有两个完全相同的人。人格特质是人际差异的重要来源,它可以被理解为个体在面对各种各样的人与事的时候倾向于采取的行为。比如,A是比较冲动的人,在和其他人产生冲突时更可能采取暴力行为。这并非说A在面临所有问题时都如此,只是说相对于比较冷静的个体,A在面对同等情况时更有可能采取暴力行为。

影响个体行为的人格特质有很多,无法一一赘述。这一节主要关注马基雅维利主义、自我监控和自尊这三种人格特质对于小团体传播过程的影响。之所以选择这三个变量,是因为它们在相关研究中得到较多关注。

一、马基雅维利主义

"马基雅维利主义"源自16世纪意大利政治家马基雅维利在《君主论》一书中提出的政治观。马基雅维利主张,政治的核心是权力,为了获取和维持权力,君主可以不择手段,采取种种不道德的方法来达成自身目的。在马基雅维利看来,手段和方法只是技术问题,与目的之间不构成任何道义上的联系。这一带有浓厚的功利主义色彩的政治主张强烈冲击了以良善为目标的传统政治观,掀开了西方政治学的新篇章。

20世纪70年代,马基雅维利主义被引入心理学领域。作为普遍的人格特质,马基雅维利主义指为达目的不择手段的功利主义行为倾向,它影响个体的交往行动。拥有这一特质的个体在处理人际关系时缺乏情感,不关心传统道德，只关注自己的目标和行动计划，对他人采取冷酷、工具性的、操纵算计的态度。例如，与低马基雅维利主义者相比，高马基雅维利主义者更倾向于将人际交往视为社会竞争，很少在当中投注个人感情。

在小团体内，成员的马基雅维利主义水平会影响其交往行动。高马基雅维利主义者会更积极主动地与其他成员互动，通常不认可他人的看法。此外，高马基雅维利主义者会将个人需求置于团体目标之上。不过，个人需求和整个团体的需求一致时，高马基雅维利主义者会更愿意为团体目标做出贡献。

二、自我监控

作为一种人格特质，"自我监控"指个体根据情境线索的引导对自我行为进行观察、控制和调节的行为倾向。典型的高自我监控个体关心其社会行为的情境适宜性，在人际交往中对他人的反馈特别敏感，会根据这些反馈管理和控制自己的沟通行为，灵活地展开交谈。低自我监控个体对他人反馈不敏感，在人际交往中会更多地表达其内在真实的情感状态和态度，不太在意自身行为给他人留下的印象。高自我监控个体常常被视为"有帮助的人"，而低自我监控个体更容易与他人建立起信任关系。

在小团体中，不同于低自我监控个体对真实自我的表现，高自我监控个体会表现出团体期待的那一面——他们语速很快、健谈，显得更积极、更愿意服从团体的意志。

三、自尊

作为一种人格特质，"自尊"指个体对自我价值的评估。相对于低自尊的个体，高自尊的个体更积极地认可自我，自我感觉更好，比较不担心自己犯错，相信自己能被他人接受。在社交活动中，与低自尊的个体相比，高自尊的个体更不害怕与他人对视，显得更自信、更自如。

在小团体中，相对于高自尊的个体，低自尊的个体更容易受到其他成员的影响。决策过程中，低自尊的成员更倾向于同意他人的意见，遵从团体的决定。因此，低自尊的成员很少在团体中成为领导者。

第二节　传播特质的多样性

所谓"传播特质",指个体在信息接收和发送过程中表现出来的行为倾向,尤其是使用语言传递意义的方式。传播特质是人格特质的子集,包含多种类型的个体行为倾向。本书主要关注显著影响小团体传播的四种倾向——交流恐惧、传播者风格、好辩论性和言语侵犯性。

一、交流恐惧

"交流恐惧"指个体在与真实或想象的他人交流时产生的畏惧或焦虑感,表现为社会互动中的某些生理状态和行为,前者如冒汗、脸红、心跳加速,后者如喜欢单干,易被触怒,讲话滔滔不绝。通常,可以将交流恐惧分为以下四种类型:

(1)特征性恐惧。无论在何种场合都存在的对交流的畏惧或焦虑感。无论是求职面试、课堂报告还是小组讨论、集体聚会,高特征性恐惧的个体都会产生对交流的畏惧或焦虑感,低特征性恐惧的个体则无论在何种场合都不会对交流感到畏惧或焦虑。

(2)场合性恐惧。只有在某些特定的场合,如人际交谈、公开发言,才会产生的对交流的畏惧或焦虑感。例如,有些人在面对面交谈时十分自如,一到公开发言的场合就会局促、紧张。

(3)对象性恐惧。只有与特定对象交流时才会产生的畏惧或焦虑感。例如,在小团体沟通中一贯自如的人在面对一见倾心的团体成员时会产生畏惧或焦虑的感觉。

(4)情境性恐惧。只有在特定情境下才会产生的对交流的畏惧或焦虑感。例如,某成员在团体中一贯表现自在得体,某一天,由于未按时完成任务,该成员在小组讨论中陷入交流恐惧,害怕向其他成员吐露实情。任何人都可能碰到类似情况,产生情境性交流恐惧。

在小团体中,相较于低交流恐惧的个体,高交流恐惧的个体更难和其他成员进行社交。在和他人互动的过程中,高交流恐惧的成员总是感到畏惧和焦虑,避免与他人延伸交流,避免发表与他人相左的观点,尽可能少参加会议。在其他成员的眼中,高交流恐惧的成员总是很紧张,不够放松,不太能胜任领导者的角色。因此,与前面提到的低自尊个体一样,高交流恐惧的个体也很少成为小团体的领导者。

二、传播者风格

"传播者风格"指个体透过语言帮助他人理解其讯息意涵的方式。1978年,传播学者罗伯特·诺顿在《传播风格的基础》一文中提出,传播者风格由十种传播特质中的某几种构成。2000年,在诺顿提供的特质清单的基础上,斯科特·迈耶斯、马修·马丁和蒂莫西·莫特对这十种特质做了如下界定:

(1)友好。对人友善,关心他人,正面积极地看待他人。

(2)支配。说话声音大、时间长、发言频繁。

(3)淡定。在与他人互动时冷静、镇定、放松。

(4)开放。言语直率,直接表达自己的观点和情绪。

(5)精确。观点严丝合缝,言之有据。

(6)生动。使用眼神、表情、手势、姿势等身体动作来强调发言内容。

(7)戏剧化。使用各种文体强调发言内容,如押韵、夸张、讲故事等。

(8)令人印象深刻。与人沟通的方式令人印象深刻,如使用"播音腔"与人交谈。

(9)爱争论。喜欢与人争论,始终给人剑拔弩张的感觉。

(10)注意力集中。认真倾听,尝试理解他人观点。

相对于支配、戏剧化和爱争论,友好、淡定和生动的风格被认为更佳。实际上,不同性质和类型的小团体对成员特质的需求不同。比如,企业员工希望他们的上级友好、淡定以及注意力集中;大学生希望他们的教授友好、淡定、戏剧化和令人印象深刻;对于公共发言人,听众希望他们友好、支配、开放、生动、戏剧化和注意力集中。

三、好辩论性

所谓"好辩论性",指个体就争议性话题捍卫自身立场、反驳对方观点的倾向。好辩论的个体相信真理愈辩愈明,享受与人辩论的过程。他们会对事不对人地讨论问题,从不在辩论中对他人进行人身攻击。与那些不好辩论的人相比,好辩论的个体参与互动的程度更高。

对于个体而言,好辩论性是积极的传播特质:首先,为了更好地参与辩论,个体需要比他人知道得更多,做更多信息方面的准备;再者,互动过程中,好辩论的个体也能从对方那里接收到之前没有注意到的信息和知识;最后,辩论的要领之一是知己知彼,好辩论的个体更关注他人的所思所想,具有良好的换位思考的意识和能力。通常,人们享受与好辩论的个体之间的沟通,如与好辩论的同事、领导、教授进行互动。

在小团体中,好辩论的个体参与团体讨论的程度更高,与其他成员及团体的联系更紧密,对团体的满意度也更高。与那些不喜欢辩论的成员相比,好辩论的成员通常更受欢迎,也更容易得到其他成员的支持,成为团体的领导者。尽管如此,当好辩论的成员过于投入讨论时,可能被其他成员视为挑战,引发后者的退避行为。

四、言语侵犯性

"言语侵犯性"指个体攻击他人的自我概念从而给人以精神伤害的倾向。换言之,具有言语侵犯性的人攻击的不是话题而是人。

与好辩论性不同,对于个体而言,言语侵犯性是一种破坏性的传播特质。具有侵犯性的言语通常会带来负面效应。比如说,雇主经常诉诸侵犯性言语时,雇员的工作效率会比较低;兄弟姐妹中有人具有言语侵犯性时,其他人就很难从亲属关系中获得满足感;在具有言语侵犯性的教授的课堂上,学生学到的东西会更少。人们通常不愿意与具有言语侵犯性的人交往。

在团体互动中,个体的言语侵犯性可能表现在以下八个方面:贬低他人的外貌、出身、性格和能力;贬低他人的成员资格;贬低他人和组内成员的关系;贬低他人的朋友、伴侣;嘲笑他人的沟通方式;讽刺他人;辱骂他人;威胁说要伤害他人身体或精神。大部分情况下,团体成员会竭尽所能地避免和具有言语侵犯性的成员共处一室。后者很难和其他成员产生共鸣或形成良好的合作关系,对团体的满意度通常也比较低。

有时候,成员的言语侵犯性其实是受特定情境的激发,与成员自身的个性特质并无关系。例如,话题与个人利益高度相关时,成员更可能在互动中诉诸攻击性较强的言语。此外,感觉到他人言语的侵犯性时,成员也可能采取同样的方式予以回击。因此,在团体讨论中,发言要尽可能对事不对人。其他成员诉诸侵犯性言语时,要具体问题具体分析,不要简单得出"性格使然"的结论,孤立该成员或以牙还牙,加剧矛盾和冲突。

第三节 社会文化多样性

考察个体多样性以后,关注社会文化多样性的问题。社会文化多样性涉及性别、年龄、民族、种族、阶级、文化等多个层面。这一节主要讨论三种显著影响小团体传播的社会文化因素——性别、年龄和文化。

一、性 别

不同性别的沟通行为存在差异。例如,在小团体讨论中,男性发言的工具性、任务导向更明显,他们会更频繁地插话和试图改变谈话的方向;女性发言的表现力和关系导向更鲜明,她们会花费更多时间证明自身观点或决议的合理性,更频繁地表达对他人观点的赞同。这并不意味着男性成员在小团体中的影响力必然大于女性成员。在某些团体或角色位置上,影响力的性别差异不复存在。例如,花费更多时间建立和维系成员关系的小团体中,成员的影响力与性别之间的关联不明显;在领导小团体方面,性别差异也不明显,成员对于男性或女性领导者的满意程度并无差别。

高度性别化的社会不是自然造就的,有关性别的规范和观念都是社会建构的产物。西蒙·波伏娃在《第二性》一书中说道:"我们不是生为女人,而是成为女人。"从家庭到学校,我们不断学习关于性别的规范,使自己的行为符合社会期待。小团体传播行为方面的性别差异,一定程度上可以被解释为成员努力使自己的行为符合他人乃至社会期望的结果。小团体传播过程中,应尽可能跳脱性别方面的刻板印象,避免先入为主地评价他人行为。例如,认为关系维系不如任务完成来得重要,贬低关系导向的传播活动在小团体中的作用,或认为女性的含蓄、关注他人需求等特质使其更适合扮演辅助性角色,无法胜任团体领导者职务,等等。

二、年　龄

不同年龄的人行为存在差异。古训有云,十岁不愁,二十不悔,三十而立,四十不惑,五十知天命,六十耳顺,七十古稀,八十耄耋。意思是说,少年时无忧无虑、满腔热血;中年时学会承担责任,参透世事;进入老年后,了解人力之有限,学会颐享天年、珍惜健康。中国文化倾向于认为个体的才资、经验和能力随着年龄的增长而逐渐累积和提升,年长者通常拥有较高的地位,受到他人的尊重。在小团体中,较之年轻资浅者,年长的团体成员通常更有影响力。

迄今为止,代际差异是理解和评估年龄差异的主要视角。例如,2007 年,李芝山在研究中指出,"80 后"的新员工具有六点特性:价值观趋向多元化;具有较高文化知识水平、创新意识强;崇尚自由、主张自主;个性突出、不惧权势;思想解放、流动意愿强;责任感和自我约束力弱。复旦大学社会科学数据研究中心在 2014 年 4 月 22 日发布的《80 后的世界——复旦大学长三角社会变迁调查》报告却显示,1980—1989 年出生的受访者有超过四成从未换过工作,近三成换过一两次工作——至少在就业观上,"80 后"并非离经叛道的一代。2012 年,刘苹、郑沙沙和吴继红的研究发现,"80 后"员工对组织的认同和对同事的利他行为显著高于"80 前"员工,且更少出现"反生产"行为。

不可否认,共同的成长环境会带来思维和行为方式上的相似性,社会转型期的代际差异尤其显著。尽管如此,还是要对"80 后""90 后"这样的标签保持敏感,它们能在多大程度上反映真实的年龄差异以及预测个体的行为倾向仍值得商榷,诉诸代际差异的话语背后往往隐藏着"恋旧情结"——"一代不如一代"的感慨可以给一些人带来安慰,缓解落后于时代的挫败感。小团体传播的过程中,要避免给不同年龄的人"贴标签",过度强调个体行为与年龄之间的关系。

三、文化多样性

1976 年,人类学家爱德华·霍尔在《超越文化》一书中提出"文化影响传播"的观点。何为文化?跨文化传播学家吉尔特·霍夫斯塔德将"文化"界定为"心灵的程序",换言之,文化是一种思考问题的模式,支配个体在特定环境下的反应,表现为个体的沟通行为。文化对思维和行为的影响主要表现在六个方面——高语境与低语境、权距、个人主义与集体主义、不确定性回避、时间导向以及男性气质与女性气质。

1. 高语境与低语境

所谓"高语境"或"低语境",指沟通过程中信息直接传达的程度。在高语境文化中,说话人假定传受双方拥有大量共同的知识和观点,其言语表达仅包含少量信息,大部分信息不被言明,听者必须结合言谈的社会语境才能全面了解说话人的意图;在低语境文化中,信息的传达比较直接、公开、明确,大部分或全部信息包含在言语中,接收言语信息即可了解说话人的意图。

高语境文化中的个体倾向于私下、间接、含蓄地表达自己的感受和想法,回避公开的冲突。当观点发生碰撞时,高语境文化中的个体倾向于透过私下沟通以及依靠成员关系的方式来缓解冲突。低语境文化中的个体倾向于公开、准确地表达感受和想法,认为冲突具有一定的正面作用,在冲突管理过程中对事不对人。例如,中国的课堂上,老师讲课出现一个小错误,学生可能在课后提醒老师,或根本不去纠正老师,美国学生则可能直接指出老师的错误。

小团体中,高语境文化背景的个体和低语境文化背景的个体进行沟通比较容易产生误解。比如,在小组合作过程中,组员的任务完成情况不佳,高语境文化背景的成员可能采取安慰的方式,告诉对方"其实也还好,再努力改改就行",低语境文化背景的成员可能直接指出任务出错的地方和应该承担的责任,不太考虑是否伤及对方感受。

2. 权 距

"权距"指组织或机构中拥有较小权力的人对权力分配不均的接受程度。权力分配不均主要体现在财富、社会地位等方面。根据接受程度的差别,可以把文化分为"高权距文化"和"低权距文化"。高权距文化中的个体比较认可沟通中的权力地位差异,希望团体中地位较高的成员做决策;低权距文化中的个体认为权力地位差异妨碍有效沟通,希望团体成员平等参与、共同决策。

团体成员来自不同权距的文化,可能产生问题。例如,在高权距文化背景的上司看来,低权距文化背景的成员太过自我中心,经常表达异议,挑战上司权威,破坏团体和谐关系;同样,在低权距文化背景的上司看来,高权距文化背景的成员不积极,总是畏畏缩缩,一味附和他人,对团体贡献不大。不可能要求具有不同文化背景的成员在权距偏好上保持一致,但应鼓励其表达出对于权距的偏好,避免误解和冲突。

3. 个人主义/集体主义

"个人主义"和"集体主义"关注个体与集体联系的松散或紧密程度。个人主义文化强调自我的实现，认为个体目标和欲望先于集体需要；集体主义文化强调社区或群体的和谐，主张个体目标服从于集体目标。个人主义文化中的个体关注个体的成就，倾向于使用直接、公开的竞争来解决冲突；集体主义文化中的个体关注团体的和谐，冲突发生时更倾向于相互合作，保存彼此的颜面，维系良好的关系。

在小团体中，个人主义和集体主义的文化差异会让成员感到困惑。尽管所有成员都会为了完成团体任务而努力，个人主义文化背景的成员特别关注个人目标和成就，这类行为很容易被集体主义文化背景的成员解读成对团体和谐的威胁。为了让个人主义文化背景的成员投入团体活动，团体领导者可以警告他们："如果你们再一意孤行将无法实现个人利益。"让集体主义文化背景的成员投入团体活动时可以说"如果你们不这样做可能会拖累整个团体"。

4. 不确定性回避

"不确定性回避"指回避不可预期的未来的程度。不确定性的来源有许多，可能来自组内成员、组织，也可能来自外围环境。不同文化对不确定性的接受程度不同，在接受不可预期的未来时感受到压力的程度也不同。高不确定性回避文化中的个体强调规避风险，倾向于采取一切办法减少风险产生的机率。低不确定性回避文化中的个体则更能接受不确定性、模棱两可性的存在。

团体协作中，高不确定性回避文化背景的成员倾向于制定详细的计划，细分工作内容，关注阶段性任务的达成；低不确定性回避文化背景的成员认为过多的计划和严苛的规则妨碍团体决策的质量和效率，更倾向于创造性地完成任务。

当小团体中同时存在高不确定性回避文化背景和低不确定性回避文化背景的成员时，团体在完成任务的方式上可能产生冲突。高不确定性回避文化背景的成员会尝试充分利用时间，严格执行任务相关的计划和安排，不愿意在人际沟通和关系建立上花时间；低不确定性回避文化背景的成员更愿意发展和使用一些创造性方法解决问题，对于失败的容忍度较高。在团体协作的过程中，为了更好地完成任务，促进积极良好的沟通，领导者应该鼓励成员发出自己的声音，让来自同文化背景的成员相互理解。

5. 时间导向

"时间导向"指推进生活中某些重要方面的速度。长期导向的文化推崇创造性，强调关系和职业成就的逐渐积累；短期导向的文化推崇分析思维，强调问题的快速解决和即时效果。也就是说，长期导向的文化更看重将来，短期导向的文化更着眼于现在。

就小团体而言,长期导向文化背景和短期导向文化背景的成员主要在两方面存在差异:一是如何思考,一是如何看待任务和关系的重要性。举例来说,在小组作业的讨论中,长期导向文化背景的成员更愿意采用创造性方法解决问题,愿意花时间和其他成员搞好关系,促进团体的和谐;而短期导向文化背景的成员更看重决策的效率和问题的最终解决,认为课程结束后小组就会自行解散,和组内成员搞好关系纯粹是浪费时间。

6. 男性气质/女性气质

"男性气质"和"女性气质"指强调性别角色的差异,推崇传统意义上的男性或女性气质的程度。男性气质的文化非常强调性别角色的差异,推崇成就、竞争;女性气质的文化相对不那么注重性别角色的差异,比较推崇培育、联系、支持。男性气质文化中的个体倾向于用财富和地位度量个人成就,清晰表达观点和需求,采用积极对抗的方式解决冲突;女性气质文化中的个体更倾向于用关系来度量个人成就,关注他人需求,透过协商缓解冲突和解决问题。

在小团体中,男性气质文化背景和女性气质文化背景的成员在沟通过程中同样可能产生误解和冲突。比如说,男性气质文化背景的成员注重任务的达成,渴望获得领导者地位,为此可能不惜与其他成员展开言语上的对抗;女性气质文化背景的成员强调关系的维系,在任何情况下都不希望成员之间恶语相向、气氛紧张。如果前者成为团体领导者,其推进任务达成的行为可能会被后者理解为意图破坏团体氛围的负面举动。

7. 几点延伸的思考

综上可知,不同文化背景的人们使用不同的沟通模式。然而,这里关于文化的界定只是理解文化的视角之一。什么是文化,还存有争议。长久以来,研究者从各种不同的维度理解文化。例如,从人与自然的关系角度将文化界定为"人化自然",根据形态的不同将文化分为"主观文化"和"客观文化",从阶级的角度将文化分为"高雅文化"和"流行文化",或是按照地理范围将文化分为"民族文化"和"地方文化",等等。上文中,霍尔、霍夫斯塔德等提出的文化概念仅涵盖民族文化、主观文化。

文化多样性不仅指涉不同民族文化之间的差异,还包括民族文化内部的差异,这是探讨文化多样性时必须关注的问题。例如,同样作为中国人,南方人和北方人、沿海省市的人和内陆省市的人在多大程度上具有共同的思维模式?

此外，还应该思考文化的共性与特殊性问题。讨论文化多样性时，很容易夸大不同文化之间的差异而低估其共性。例如，中华文化被认为是典型的高语境文化，可是回想一下下面这个场景：参加朋友的婚宴，在进入宴会大厅之前，你会先去"挂礼"，负责礼簿的人会当面打开红包，取出礼金，清点数量，然后记下你的名字和礼金数额。这一刻，你会不会觉得中华文化也并不总是那么间接、含蓄？这个例子告诉我们，既要关注文化的特殊性，也要看到不同文化之间的共性，尽量不要将文化特性极端化、标签化。

最后，还要思考文化与个体的关系。归根到底，文化是一种宏观的社会结构。文化结构在多大程度上影响个体的沟通行为需要具体分析。不要想当然地假设文化结构必然决定个体行为。如果真是这样的话，同一文化中就只能观察到一种形态的沟通行为模式。生活经验告诉我们，这个世界远没有那么简单，那么整齐划一。例如，不是所有的美国人都直接、坦率，也不是所有的日本人都含蓄、彬彬有礼。应关注同一文化下的个体差异，在培养文化多元性意识的同时，避免将文化特性泛化，形成对特定文化中的个体的刻板印象。

第五章　小团体中的关系性沟通

有一天,小庞去访问一家养老院,负责人带他四处参观,来到一个大阳台。从这里,小庞可以俯瞰养老院的花园。他发现,有很多老人坐在花园里。突然,其中一人大喊"34",其他老人都哈哈大笑起来。过了一会儿,另一人又喊了声"27",老人们又笑了。小庞不解,向负责人询问原由。负责人告诉他,这些老人长时间一起生活,熟悉每一个笑话,他们把讲过的笑话编号,这样一来,无论谁要说笑话,只要喊出对应的数字,大家就能领会。小庞觉得很有趣,也想尝试一下,于是大喊了一声"32",却发现老人们全都无动于衷。小庞不解,再次询问负责人。负责人这样回答他:"嗯,有些人就是不知道怎么讲笑话"。说到这里,你明白负责人的意思了吗?为什么小庞的尝试失败了?

对上述问题的回答需要借助一个重要的概念——关系性沟通。在小团体中,无论是团体目标的达成还是成员关系的维系都离不开关系性沟通。关系性沟通可以分为言语传播、非言语传播和倾听三个部分,彼此相辅相成,缺一不可。言语传播出现障碍,信息的意义就传达不了;理解不了非言语传播行为,意义的传达就不完整;没有良好的倾听,意义就不可能被准确接收,传播也就不可能成功。就像上面的笑话,小庞不理解言语的意义,就根本没法与老人进行有效的沟通。

第一节　小团体的言语传播

先来看言语传播。系统了解言语传播的内涵、功能和局限性之后,再来探讨言语传播在小团体中的功能、常见问题及应对的方法。

一、言语传播

1. 言语传播的内涵

1966年,瑞士语言学家费迪南·德·索绪尔在《普通语言学教程》一书中把语言分为两个部分——"语言"和"言语"。前者指语言的形式,是人们交流信息、感情的约定俗成的符号系统,包括口语形态的语言和书面形式的语言,相关研究主要探讨词汇、句法、语法、语义等议题;后者指语言的使用,是人们根据一定的规则用语言进行沟通的动态过程,即说话和听话,相关研究主要关注口语沟通方面的议题,如语言在不同场合下的意义,语言的作用。说话者利用语言对想要表达的想法进行编码,将其表现为合乎语法的言语,获得他人的反馈并就此做出反应的过程,就是"言语传播"。

2. 言语传播的功能

言语传播具有多种功能,包括传递信息、表达情绪或情感、呈现自我、认识自我、建立关系、控制沟通过程。下面介绍言语传播的四种主要功能:

(1)传达信息和关系。透过言语传达事实、观点或个人感受,表明说者与听者之间的关系,即双方究竟是地位平等还是有高低之分。例如,面对恋人可以轻松地说出"我爱你"这样的话,面对父母时却会感到难以启齿。为什么会这样?在中华文化中,父母与子女处于不平等的地位,子女对父母的爱通常透过"孝顺"的行为表现出来,包括陪伴父母、照顾父母、顺从父母的意愿选择自己的人生道路等。"我爱你"这样相对直接的情感表达方式更多被用于平辈之间,蕴含在这三个字当中的平等关系使我们面对父母时常常感到"爱他/她在心口难开"。

(2)界定和评价现实。透过对言语的使用,可以把现实定格在特定的范围内。言语传播限制我们对现实的认识,迫使我们根据这一认识采取行动。例如,为什么大学生们会选择过"女生节"而不是"妇女节"?不同的称谓究竟会带来什么样的影响?在一般人的观念中,"妇女"这个词具有特定的意涵,不仅指涉性别身份和年龄,还带有浓厚的政治意识形态的色彩,曾是对新中国成立前后自上而下的性别解放运动的受益者的总称。在"妇女能顶半边天"的时代,这一称谓还一度带有去性别化的色彩。相对于被打上鲜明历史印记的"妇女"一词,"女生"显得更加中性、活泼、柔和。从"妇女节"到"女生节",变化的不仅是称谓,还有隐含在称谓背后的性别认同。一个小小的称谓不仅会影响女性对自身性别身份的认知,也会影响社会对女性群体的印象和看法。

(3)说服。透过对言语的使用,可以说服他人接受特定信息、知识、观点或行为方式,进而影响和控制社会。从某种意义上说,人人都是言语的俘虏。早在春秋战国时期,诸子百家就已经非常重视言语在说辩活动中的作用,从"邹忌讽齐王纳谏""触龙说赵太后""苏从进谏楚庄王"等典故可知,策略性的言语曾被广泛应用于政治沟通领域,规劝君王行为,影响国家走向。

(4)调控沟通过程。透过对言语的使用,还可以检查沟通渠道是否畅通,如询问对方"你懂我说的话吗",或控制交谈的过程,如告知对方"请等一下,让我把话说完",或评价交谈的内容,如提醒对方"你现在有点跑题了"。总之,言语传播有助于掌握和改变沟通的状态。

3. 言语传播的局限性

言语传播有一定的局限性,平常很容易被忽视。即便注意到,也很难完全消除。

言语传播有赖于对语言符号的使用,语言符号本身是抽象的。这有助于我们自由地呈现和谈论不在同一时空内的人事物,也使得我们难以准确把握符号指代的意义。言语传播的过程中,根据知识和经验将想要传达的概念转化为语言符号,这个环节叫做"编码";对方接收到抽象的符号后,根据知识和经验将语言符号还原成特定的概念,叫做"解码"。有效的言语传播有赖于编码和解码之间的对称性。然而,在现实生活中,由于个体成长背景、经历、知识储备等方面的差异,上述两个环节经常是不对称的。传者想要传递的概念在解码的过程中被曲解,"错轨"因此发生。这是言语传播的第一个局限。所谓"错轨",指对语言符号的不同理解导致的沟通障碍。

语言符号还具有"任意性",符号与指代对象之间的联系是任意的。"树"这个字形以及发音与窗外那些郁郁葱葱的木本植物之间是否存在必然联系?对不会讲中文的人说"树",他是否能明白你的意思?符号的意义是社会共同接受的结果,当社会发生改变时,符号的意义也会发生改变。例如,"苹果"曾经只是一种水果,如今它是享誉全球的电子产品品牌。使用语言符号时,我们很容易忽略意义的变迁,对人事物做静态的评价。参加同学会时,惊讶于某一位同班同学的改变,你可能会说"那还是小静吗?变化怎么那么大"。这句话的潜台词是,既然是同一个名字、同一个人,15岁和22岁就不应该有什么不同。对于人事物的静态评价常常会带来刻板印象和偏见。例如,"劳改犯"这样的标签很容易让人忽视失足者的改变,"00后"这样的标签很容易让人低估年轻人的坚持和努力。

最后,语言符号系统建立在差异的基础之上,拥有二元对立的内在结构。在中文中,大多数词语都有一个明确的反义词。比如,"好"的反义词是"坏","热"的反义词是"冷","快乐"的反义词是"悲伤"。在明确的两端之间,很难找到处于中间程度的词语。例如,处于"好"和"坏"之间的词语是什么?在言语传播的过程中,受二元对立结构的影响,我们很容易陷入非黑即白、非此即彼的极端化思维之中。这样的思维方式会带来对人事物的偏激、简单化的理解。譬如,即便对于很多成年人来说,世界上的人依然分为"好人"和"坏人"两种,拐卖儿童的人是"坏人",必须处以极刑。这一立场背后的舐犊之情固然可以理解,但它忽略了司法公正的前提——"量刑"的必要性以及另一个更严重的问题:如果所有拐卖儿童者都将被处以极刑,杀害被拐卖的儿童就可能成为行将落网的"人贩子"的最终选择!

二、小团体的言语传播

了解言语传播以后,再来看看小团体的言语传播过程中常见的问题和相应的解决方法。

1.言语传播在小团体中的功能

言语是团体成员理解世界和分享意义的工具。讨论小团体的言语传播策略之前,首先介绍言语传播在小团体中的三种功能——任务排序、过程取向和叙述。

(1)任务排序。小团体的形成通常受到特定目标的驱使。为了达成目标,成员必须按照一定的顺序安排和开展团体活动。语言帮助小团体将有待完成的任务排序。例如,被要求参与一个任务小组时,你首先会问"我要完成什么",然后关注时间限制、现有资源等问题。言语传播帮助小团体设置和推进议程,据此判断团体任务的完成情况,以实现团体目标。

(2)过程取向。也就是"怎么说"的问题,与任务排序,即"说什么"的问题同等重要。任务排序聚焦任务方面的言语传播,过程取向聚焦关系方面的言语传播。小团体传播过程中,打断他人被认为是不礼貌的,无法参与讨论的成员可能会对讨论成果感到不满;相反,控制发言时长,适当表达对他人观点的支持,成员对于互动结果的满意度就会比较高。语言的策略性使用能帮助成员维系关系,共同服务于团体目标的实现。

(3)叙事。也就是如何谈论小团体。言语传播帮助成员表达对团体的感受,分享共同的意义和价值,形成团体认同。叙事可以是真实的,也可以是虚构的。例如,团体面临困难时,领导者可以告诉团体成员,他们之所以被选中是因为他们足够优秀和聪明,这种说法可能并不完全真实,但它可以增强团体成员的信心,激励成员合力摆脱当前困境。

2.小团体言语传播中的常见问题与方法

小团体的言语传播活动常常面临考验,如抽象、模糊的表述导致理解上的偏差,带有偏见的极端话语导致冲突,多人互动时话题频繁转换、讨论偏离主题,影响小团体的言语传播效果。下文将梳理小团体言语传播活动中常见的问题,示范解决的方法。

在小团体传播过程中,受到语言符号抽象性特征的影响,成员常常曲解他人的意思。应对这一问题的方法,是尽可能使用具体词汇来表述想法。虽然语言符号本身就是抽象的,但不同的词汇的抽象程度有差异。例如,相对于桌子、盆栽、卧室、马路来说,民主、自由、公平、正义要抽象得多。一般说来,使用的词汇越抽象,误解发生的可能性就越大。小团体在互动过程中应尽量使用具体词汇。必须使用抽象词汇时,成员也可以借助同义词、数据、具体案例等对这些词汇进行描述和解释。尽管如此,具体清晰的言语并不是在任何情况下都适用。在某些情况下,如团体成员彼此之间不熟悉或存在争议、冲突甚至是对峙情绪时,模糊的语言能缓解紧张感,引入弹性,化解冲突。

另外,在言语传播过程中,带有偏见的或极端的话语可能导致成员之间的冲突,降低成员的满意度。带有偏见,可能引起他人负面情绪的词汇叫做"激发词汇"。一般情况下,团体成员应尽可能避免使用带有性别、地方、民族和种族歧视意味的激发词汇,如"女司机""乡下人""棒子""鬼子""黑鬼"。当然,这不绝对,对"激发词汇"的认定取决于团体成员的共识。在某些情况下,成员会使用激发词汇来表达团体认同。例如,篮球队球员比赛时经常使用秽语,双方球员并不会因此产生冲突,这些秽语并不真正针对球员或球队,使用者只是借此表达团队感,鼓舞士气。

可以将信息柔化去锐或者进行模糊化的处理,以减少极端化思维带给团体互动的负面影响。比如,团体成员在互动时可以多使用委婉语,如"请""可不可以"。也可以充分调动幽默感,采用风趣的话语来分享信息,整合想法,减轻压力。最后,应该在团体互动中多使用"我语"。所谓"我语",指成员在说话过程中强调自己对他人行动的情绪和想法,多采用描述性的表述。与之相对的是"他语"。"他语"强调他人行动的负面影响,把责任推给对方,多采用指控性的表述。例如,"你伤害了我"是"他语","你不接我的电话,我感觉很受伤"则是"我语"。在言语传播中,"我语"能有效减轻成员的应激情绪,缓解冲突。

小团体言语传播活动的另一常见问题是话题难以聚焦,讨论频繁离题。应对这一现象的主要方法在于组织发言。可以透过三种方式维系团体讨论的秩序:第一,每次发言时,都将发言与前面成员的发言联系起来,如用"××说得没错""我同意××的说法"开头;第二,每次发言时表达一个观点,讨论充分后再表达其他观点;第三,尽可能简短地发言,不要提供无效信息,占用太多讨论时间。

第二节　小团体的非言语传播

1952年,美国人类学家雷·博德惠斯特在《身势语导论》一书中指出,两人交谈,只有35%的信息通过言语传达,另外65%的信息都是透过非言语渠道传递。生活中,非言语传播活动随处可见。毕业典礼上,校长会亲手将毕业生学位帽上的流苏拨到另一侧。对于毕业生和支持他们大学生涯的人来说,这些非言语行为意义非凡。全面观察和捕捉他人的非言语行为,是良好互动的前提。

一、非言语传播

下文将首先比较言语和非言语,界定非言语传播这一基本概念;在此基础上,介绍非言语传播的功能;最后,梳理非言语传播的特征。

1.非言语传播的内涵

言语和非言语的主要区别在于,言语是"数字符码"而非言语是"模拟符码"。图5-1和图5-2表示的都是时间,二者有什么不一样?日晷仪通过影子运行的轨迹来反映时间的流逝,影子轨迹本身就是对自然光影变化的模拟;电子时钟通过数字来表达时间,而数字本身与时间之间并无必然联系,就如同"树"这个字与窗外绿色木本植物之间并无任何相似之处一样。言语通过象征符号来传达意义,而非言语通过模拟来表达意义。

图 5-1 日晷仪

图 5-2 电子时钟

非言语包括以下五类：体征，如体型、肤色、体味；服饰，如着装、配饰、妆容；身体动作，如手势、姿势、触摸、面部表情、眼神；副语言，如说话时的音色、音调、音量、语速、停顿；以及时间和空间的安排。所谓非语言传播，就是使用非言语表意传情的活动。根据非言语类型的不同，非言语传播一般分为以下七种类型："身体传播"，探讨体征、手势、姿势的意义；"人工制品传播"，探讨着装、配饰、妆容的意义；此外，还有"表情和眼神传播""触摸传播""副语言传播""时间传播"和"空间传播"。

2.非语言传播的功能

在社会交往中，非言语传播主要具有四种功能。

（1）替代。单独使用非言语表意传情。例如，在酒吧，为了吸引心仪男士的注意，目光不时扫过对方。再比如，多年不见的好友再次见面时什么都不用说，一个笑容、一个拥抱胜过千言万语。

（2）补充强调。使用非言语补充或强调言语信息的内容。比如，给别人指路时，不自觉地配合手势指明行进的方向。陈述对某类行为的不满时，会不自觉地握紧拳头。

（3）否定。使用非言语来否定言语信息的内容。比如，回应他人的调侃时，咬牙切齿地说"你真是个好人"。在讲座的问答环节，提问者语气平淡地说："非常感谢，您的讲座让我受益匪浅！"

（4）调控。使用非言语来调节和控制互动现场的气氛或交谈者之间的相互关系。例如，访谈过程中，点头表示对受访者的肯定，鼓励对方继续说话。

3.非言语传播的特征

整体而言，非言语传播具有几方面的特征：

（1）广泛性。正如前文所说，非言语传播无处不在。我们用嘴说话，却用整个身体交谈。穿着打扮、姿势动作、与对方的距离等都在传达特定的信息。此外,交谈的时间、环境、说话的方式等也承载着特定的意义。

(2)语境性。非言语具有多义性,其意义取决于具体的传播语境。例如,双手交叉抱于胸前是典型的防御性姿态,冬天在公交站等车的人也会使用这一姿势,这时它表示的就是寒冷而非戒备或否定了。再如,竖起拇指在中国表示肯定,在德国表示数字"1",在日本表示数字"5",在非洲、澳大利亚、欧中南部和中东部的部分地区则表示性侮辱。

(3)可信性。与言语不同,非言语通常不受意识控制,反映内心真实的想法和情感。与言语传播相比,非言语传播的可信度明显更高。当他人言行不一致或言语显得有些不可信时,可以通过关注和捕捉非言语行为来了解他们真实的想法或情感。

(4)规范性。非言语传播受到文化规则的制约,同样的非言语行为在一些场合可以被接受,在另外一些场合却被认为不合时宜。例如,在看球或观看演唱会时尖叫是合适的,在公交车或大学教室尖叫则会引起他人的反感。

(5)整体性。一种非言语行为往往与其他非言语行为相伴而生,共同表意传情,形成"动作群"。例如,表达"我不同意你的说法",会将双手交叉抱于胸前,同时伴随双腿交叉、低头、皱眉、抿嘴等动作。只有综合考察整个动作群,才能全面了解非言语行为的意义。

二、小团体中的非言语传播

在团体互动中,非言语传播扮演极其重要的角色。例如,团体讨论时,通过观察非言语行为,如座椅距离、身体前倾程度、笑声、发言时的沉默和延迟来评估其他成员参与讨论的程度。

1.身体传播

身体特征,如长相、体形、肤色、体味等都会影响他人的感观。无论是在教育评估、说服、求爱或结婚决策中,外貌都是重要的影响因素。在关系建立的最初阶段,外貌对人际关系的影响更显著。对外貌的看法会影响沟通行为。例如,认为自己外貌姣好的人会更自信、更频繁地参与团体讨论。

手势和姿势大体可以分为两类——封闭性手势或姿势,将双手或双腿以任何方式连在一起,如双手抱于胸前,脚踝交叉站立;开放性手势或姿势,如双腿分立,双手摊开。人们处于负面情绪时更可能使用封闭性手势和姿势,后者的出现常常会给人以戒备、拘谨的观感。团体互动过程中,应尽可能使用开放性手势或姿势,给其他成员留下主动积极的印象,营造良好的沟通氛围。

2. 表情与眼神传播

人类有六种基本表情——快乐、悲伤、惊奇、恐惧、愤怒、厌恶。在社会交往中,表情被视为态度、情绪表达的重要渠道,为了掩饰内心感受和情绪,人们会管理面部表情。忽视表情管理会给团体互动带来诸多问题。例如,在他人发言时频繁皱眉或撇嘴不仅会分散他人的注意力,还会降低他人的表达意愿。团体互动过程中,要管理好自己的表情,多透过表情表达积极正面的情绪;还要注意观察他人表情,但不要将表情作为判断他人真实情绪的唯一依据。

眼睛是心灵的窗户。人们透过注视来表达情绪、观察他人反应、控制谈话过程以及表明互动双方的关系。团体互动中,较之男性,女性注视他人的时间更长。来自不同文化的成员在注视行为上可能存在差异。例如,在美国文化中,直接的眼神接触意味着诚实可信;而在日本文化中,直接注视会被认为是对他人的冒犯。在小团体中,与那些很少注视他人的成员相比,频繁注视他人的成员能获得更高的参与感和控制感,对团体的贡献通常也会更大。团体互动过程中,应适时适当地注视他人以增进互动氛围。

3. 触摸传播

触摸,即人与人之间的身体接触,可以用来传达情感,如安慰、鼓励、好感,也可以用来表现权力、寻求支持。在团体互动中,情感、权力和支持多透过言语传递,但这并不意味着可以轻视触摸的作用。适时适当地使用触摸,如短时间触摸其他成员的上臂或肩膀以表达支持、肯定和鼓励,可以增进亲近感、增强团体凝聚力。

4. 人工制品传播

服装、配饰和妆容传达个性和社会身份。与身体体征一样,服饰对于人际互动的影响集中表现在关系建立的最初阶段。双方彼此熟悉以后,印象的形成就较少依赖双方的着装和配饰了。在小团体中,类似风格的着装、配饰和妆容通常被认为是团体身份的标志,在这些方面独具一格的成员可能被团体拒绝,失去其他成员的信任。团体互动中,选择适当的着装、配饰和妆容,也要避免以貌取人,仅凭服饰和妆容对他人下判断。

5. 副语言传播

副语言就是说话的方式,包括语音特质,如音质、音量、音高、语速,特征音,如笑声、哭声、口哨声,隔断音,如"嗯""那么",以及语顿,也就是说话过程中的停顿和沉默。副语言可以传达一个人的职业、智力、社会交往的能力、情绪状态等。例如,人们通常认为,声音洪亮的人比声音起伏不定的人更有魅力,受过更好的教育,拥有更高的经济地位。在小团体中,副语言可以用来规范讨论,表达对观点或立场的态度。例如,透过言谈中的沉默来间接表达异议。团体互动中,不仅要关注其他成员说话的内容,还要关注他们说话的方式,后者往往传达更真实、更丰富的意涵。

6.时间传播

时间的安排传达有关态度、权力的信息,受个体的生理、心理状态以及文化语境的影响。例如,在美国,时间就是金钱,团体成员对时间敏感,团体活动会尽可能遵照时间安排来推进。在泰国、西班牙,时间固然重要,但它是灵活、有弹性的,可以协商,成员一定范围内的迟到行为在这些文化中可以被理解和接受。为了使团体合作更有成效,必须对团体成员的时间取向保持敏感。例如,在重视时间的团体中,应避免迟到和过长时间的发言,前者让人感觉散漫,后者则会给人留下好支配、好表现的印象。

7.空间传播

社会交往中,空间的影响无处不在。这里所说的空间包括两类——物理空间和心理空间。就前者而言,室内照明、温度、噪音、色彩、家具摆放位置等,都会影响社会交往的频率和方式。例如,光线和温度适宜、噪音较小、暖色调、私密性较好的房间更能激发交谈者的积极情绪。为了推进任务的完成,小团体可以选择光线明亮、宽敞、冷色调、相对安静的空间作为会议场所;为了增进成员感情,可以选择光线较暗、暖色调、私密性较好的空间作为活动场所。

就心理空间而言,一方面,人是领地动物,倾向于维护对特定区域及区域内物品的所有权。领地被侵犯时,会捍卫领地,表现出侵犯性反应。在小团体中,某些空间,如演播厅、宿舍等或空间内的某些物品,如座位,会被视为个人领地。应对其他成员的领地宣示行为保持敏感,尽可能避免侵犯他人领地;与此同时,还要认识"居所优势"——在领地内时,领地所有者会感到安全、放松,表现出某种支配欲——更好地理解他人的行为,或利用这种优势帮助自己赢得团体内的领导地位。

另一方面,身体外还存在一个可移动的"泡泡",也就是"个人空间"。在社会交往中,个人空间表现为与他人的谈话距离。该距离会因互动场景、对方性别、关系类型、交谈内容的改变而扩大或缩小。个人空间被侵犯,通常会导致回避行为。例如,别人坐得太近时,你会将自己的椅子移开一点。在团体互动中,一方面要对他人的个人空间保持敏感,选择适宜的谈话距离;另一方面,较近的距离可以激发亲近感,必要的时候,选择那些能让成员坐得比较近的场所开展团体讨论。

8. 总　结

在团体互动中,成员会根据非言语行为判断他人状态和感受。言行不一时,团体成员更倾向于相信"做了什么"而不是"说了什么"。有一些非言语行为会给予他人正面感受(表5-1)。

表 5-1　积极的非言语行为

手势和姿势	经常使用开放性的手势和姿势
头部运动	点头
面部表情	经常微笑
眼　神	经常、直接的眼神接触
声　音	热情的声音
时　间	不要让别人等待,给予他人足够的时间
摆　设	避免家具成为障碍,营造令人愉悦的环境
距　离	接近性减少地位差异,传递热情

第三节　小团体传播中的倾听

有效的倾听和清晰、完整的表达一样重要。小团体的协同作用有赖于成员之间的共同理解,后者离不开有效的倾听。良好的倾听者通常能得到其他成员的赞赏,获得超出成员关系的友谊。

一、倾听的过程

倾听过程包括四个部分:感知或者听到信息,阐释或者为信息提供意义,评估信息内容,基于特定传播情境对信息进行记忆和反馈。

1. 感　知

"感知"是倾听的基础。听到声音,甚至能够重复其内容并不等于感知。感知是有意识地选择、注意某些声音同时忽略其他声音。关注熟悉或重要信息的过程,被称为"选择性注意"。这一过程屏蔽掉不甚重要或是无关的外部刺激,有助于个体适应环境。尽管如此,建立在偏见、刻板印象和先入为主的观念之上的选择性注意会妨碍听取不同信息和观点。

2. 阐释信息

感知信息的过程中,信息被接收并储存下来。紧接着,需要对储存的信息进行"阐释",借助自我的目标、期待、需要、经验、知识、态度、价值观等过滤和理解信息。阐释有赖于对他人的言语、非言语以及当下所处的传播情境的解读,目的在于明了信息的意义。我们总是在有限的视角内阐释信息,只有认识到自身视角的局限性,才较好地理解他人立场,更好地阐释信息。

3. 评估信息内容

接下来,对信息进行"评价",过滤掉不重要的信息,阐释那些重要的部分,明确自身立场。意见形成的过程中,需要不断地问自己,既有信息是否足以支持自身立场。不良的倾听者经常忽视这一环节的重要性,匆忙评价,最终形成糟糕的决策。

4. 记忆和反馈

记忆可以分为"短期记忆"和"长期记忆"。短期记忆是工作记忆,通常持续1~60秒。在完成对信息的评价后,被认为不重要的信息会被大脑迅速清除,其他信息则会保存下来,以备未来提取。反复接收到特定信息,短期记忆会被强化,转变成长期记忆。最后,在接收信息的同时,对信息做出反馈。

二、妨碍倾听的因素

参与小团体的过程中,倾听的四个部分共同扮演重要角色。每个部分都顺利开展,整个倾听过程才会积极、有效。很多时候,倾听活动会面临障碍和干扰:

(1)缺乏兴趣。讨论的话题本身无趣或难以理解,抑或信息过于冗长,提不起讨论的兴趣,所以不耐烦、走神。

(2)注意力分散。成员的个人特征导致无法集中精力倾听。说话者有口音,节奏异于常人,内容缺乏逻辑或打扮另类,所以不耐烦、漫不经心,关注说话者的言谈举止而不是信息本身。

（3）噪音。包括内部噪音和外部噪音。不舒服的环境，交谈者之间较差的能见度，他人的谈话、咳嗽、电话铃声、糟糕的音响等都属于外部噪音的范畴；内部噪音包括专注于个人事务，情绪化，刻板成见和偏见等。这两类噪音都有碍于倾听活动。

（4）傲慢和无礼。对傲慢无礼的行为的情绪反应。感受到来自其他成员的人身攻击或挑衅，所以不注意听他究竟说了些什么。

（5）固执己见。在特定议题上有强硬立场，面对分歧和冲突时采取防御性反应，拒绝倾听。在这种情况下，有序的发言、多元观点的表达常常会演变成情绪化的争吵。

（6）伪倾听。假装自己在倾听，给予他人倾听反馈。团体讨论中，并未真的在听其他成员说话，但会注视他们，适时点头和微笑，给他们"我正在认真听"的错觉。

（7）思维速度。人类的思维速度可以比口头表达的速度快三到四倍。团体讨论中思绪纷飞，或者在想该怎么回应别人，或者在思考与讨论完全无关的事物。

除了以上因素外，还有其他一些不利于倾听的因素，如懒惰、疲惫、不诚实。此外，性别也会影响倾听行为。例如，男性很少能长时间倾听而不打断别人；男性打断别人的目的通常是为了控制谈话，女性则多是为了表达赞同、进一步阐释信息或者参与话题讨论。

三、积极倾听的方法

积极的倾听有利于建立相互支持、理解的小团体。以下介绍三种积极倾听的方法——复述、表达理解和提问。

1. 复　述

所谓复述，就是用倾听者自己的话总结别人想要表达的意思。作为积极倾听方法的一种，复述有助于推进团体讨论。首先，复述是克服走神的好方法，有助于关注他人的表达。其次，复述还可以让讨论重新聚焦。在小团体中，讨论很容易跑题。此时，可以清晰回应发言者，如"我理解你关注的是……"，将讨论带回主题。最后，复述有助于缓解成员的情绪反应。例如，某个成员一直抱怨大家不听她的意见，你可以采用"好的，我听到你说的是……"这样的表述,让该成员感到自己被礼貌对待,帮助他将注意力从自身情绪转向问题的解决。

2.表达理解

有时候,比起复述他人信息的内容,表达对发言者感受的理解更有利于推进团体讨论。此类表述不仅可以让其他成员更准确地感知和理解发言者的感受,还能让发言者更准确地评估自身感受表达的效果。例如,一句"听起来,你希望……"就可以让发言者明白或者修正他正在表达的意思,也能让其他成员更好地理解发言者的意图和想法。

3.提　问

复述和表达理解大多靠提问来实现。糟糕的提问方式经常阻碍讨论的推进。在小团体中,提问的目标应该是澄清别人的观点,开启讨论或拓展有价值的想法。例如,简单的一句"你的意思是……吗"很多时候就能帮助成员澄清误解。

四、反　馈

完整听完他人的发言之后,需要对发言内容做出反应。作为倾听过程的最后一个部分,反馈与接收信息、阐释信息和评估信息密不可分。最有效的反馈是告知别人我们听到并准确阐释和理解了他们意图传达的信息内容。在小团体中,反馈有两个目的——加强其他成员的言语和非言语行为,促使他们把焦点放在信息内容而不是个人态度或个性特质上。

1.提供建设性的反馈

评估反馈的有效性的指标之一,是看反馈是否具有建设性。在小团体传播的过程中,提供建设性的反馈需要注意以下三方面的问题:

(1)有效的反馈应该致力于描述对别人信息的理解。在提供反馈时,第一,只就听到、看到、感觉到和想到的东西发言;第二,不进行价值评断,避免使用像"好""坏""应该"等评价性词语;第三,避免夸大其词,"你开会总是迟到"不会促成反思,反而会招致被批评者的反驳;第四,不要给人贴标签,"法西斯""男性沙文主义的猪"等标签会被认为是人身攻击;第五,提供正面和负面反馈,我们习惯在别人做得不好的时候给予反馈,实际上,人们听到赞美后反而会对抱怨格外注意。提供反馈时,不要吝惜对他人的肯定和鼓励。

(2)有效的反馈应该明白无误。如果有可能的话,应该让所有成员准确理解反馈。除了言语方面的反馈外,非言语也有助于澄清反馈的意涵。例如,眼神接触、点头和坐姿都可以用来表明兴趣、注意力,而坐立不安、皱眉、看手表都会传递出相反的信息。

（3）有效反馈应该把握好时机。要区分清楚什么要说,什么不说,什么应该私下说。不清楚行为发生的情境或者没有足够的时间跟进反馈时,不要轻易做出反馈。

2.接收反馈

接收反馈的时候,首先可以深呼吸。接收反馈是有压力的,深呼吸可以放松身体和保持大脑清醒。然后,应该认真听,尽量不要打断和阻止反馈者。倾听的过程中可以提问,要求对方澄清信息或举例,也可以复述信息以便让别人知道你在听并且理解了他所说的话。最后,整理听到的内容。对于那些不明了反馈要义的人,花点时间去接收他的反馈,帮助他重构建设性的反馈。

第六章　小团体中的批判性思维

1986年1月28日上午,美国"挑战者"号空间站在发射73秒后突然爆炸,七名机组人员全部罹难。罗格斯委员会受命调查此次事故。他们发现,助推火箭右侧的发动机的垫圈遇低温后发生故障是飞机爆炸的主要原因,美国国家航空航天局以及助推火箭的制造商事前都知晓这一潜在危险。为什么这些经验丰富的专家及其团队会做出如此糟糕的决策?研究者将这一结果归因于批判性思维的缺乏:一方面,工程师使用含混的语言表达他们的担忧,不愿意跳出常规通道越级报告,敦促上层重视这一隐患;另一方面,航空航天局官员过于热衷发射航天飞机,导致决策过程无视异议,诸多决策建立在错误的假设之上。

虽然批判性思维并不是高效的团体决策的充分条件,但缺乏这一思维可能导致小团体做出诸如发射"挑战者"号那样糟糕的决策。电脑运算过程中,输入的信息越少,输出的结果就越贫乏。小团体传播也是一样。为了达成高质量的决策,小团体需要高质量的信息以及有效的逻辑,这些无不以成员的批判性思维为基础。

这一章将聚焦批判性思维,考察其在小团体传播中的作用。具体说来,之后的篇幅将依次解答以下三方面问题:第一,什么是批判性思维?第二,如何使思维具有批判性?第三,哪些因素可能妨碍批判性思维的养成?

第一节　认识批判性思维

了解批判性思维的内涵及其在小团体传播过程中的价值,是培养批判性思维的前提。这一节的内容主要分两方面:一是了解批判性思维的定义,二是进一步理解批判性思维在小团体中的重要性。

一、批判性思维的定义

批判性思维指对任意观念或知识进行的持续、系统的检验，是准确理解和使用语言、发现问题、评估论据、发现论点之间的逻辑关系、获得结论并在新情境中对其进行检验的整体能力的表现。换句话说，具有批判性思维的个体不是基于直觉、冲动和想象来解决问题，形成决策，而是经由对信息中包含的论点、论据和论证过程的持续、系统的检验来寻找未来行动的方向。

具体说来，批判性思维包含三个基本过程：对论据的系统、有逻辑的检验；对论证过程的系统、有逻辑的检验；接受那些得到论据支持、论证过程合理的论点，摒弃那些缺少论据支持或论证过程不合理的论点。以问题解决为例。在这一过程中，批判性思维意味着对问题的深入了解，对尽可能多的相关信息进行全面、系统的检验，将问题的解决之道，也就是最终结论建立在对诸多论点、论据和论证过程的持续检验的基础之上。

在小团体传播过程中，批判性思维要求成员具备以下五方面的能力：发现能力，寻找和发现相关信息的能力；组织能力，分类和建构信息的能力；分析能力，把信息拆分并对每个部分进行分析的能力；综合论证能力，组合、整合信息以发现新意义的能力；澄清能力，帮助团体聚焦重要事务和区别关键信息和次要信息的能力。

二、批判性思维的价值

批判性思维的核心并不是逻辑思考的技巧，而是团体成员们的态度，是对达成最佳决策的渴望，这种渴望会转化为个体成员理性决策的动力。具有批判性思维的人希望做出最佳决策，因此，他们会质疑信息，主动积极地搜集信息，评估决策过程。整体而言，相对于那些缺乏批判性思维的人，批判性思考者在以下两方面更出色。

（1）批判性思考者通常具有"打破砂锅问到底"的精神。在团体讨论过程中，他们不仅要知道"是什么"以及"发生了什么"，还需要知道"为什么是这样"和"为什么会发生"。换句话说，具体批判性思维的成员不仅检验信息和观点本身，还会检视它们的出处和来源。他们不带着预设看问题，不迷信权威，努力验证信息、观点的准确性及其来源的客观性、可信性。他们会提出很多尖锐的问题,以检验论据是否充分、准确,论证过程是否合理。这种"证明给我看"的质疑态度会帮助成员养成独立思考的习惯,而后者对于团体决策来说十分重要。如果"挑战者"号的生产商在听到工程师的顾虑时愿意追问一下,确认顾虑产生的原因,之后的那场灾难或许可以避免。

(2)批判性思考者通常持有开放的思维和强烈的好奇心,愿意并且渴望接触新的信息和观点,寻找解决问题的新方法。即使新的信息、观点与他们的想法存在冲突,批判性思考者也愿意跳脱原有思维框架的束缚,在更广阔的视野下搜集和了解多方信息和观点,尽可能客观、无偏倚地评估这些信息和观点,直到找到最佳的问题解决方案。对于团体决策来说,这种客观无偏倚的态度十分重要。美国航天局官员如果兼听各种声音,特别是"挑战者"号发射团队的成员提出的异议,那场重大的灾难或许不会发生。

总体而言,批判性思维意味着对信息的积极测试,需要成员努力找到必要的信息来理解问题,严格检验所有可能的解决方案。因此,批判性思考者通常是小团体中信息准备比较充分的人,他们能帮助团体讨论聚焦,效率更高。当然,对信息的去伪存真、去芜存菁通常需要花费很长时间,决策过程可能变得曲折。尽管如此,批判性思维依然是团体决策质量的必要前提。将它贯穿团体讨论的始终,成员才不会被权威、偏见蒙蔽双眼,做出仓促、糟糕的决策。

第二节 批判性思维的运用

这一节将聚焦批判性思维在团体过程中的运用,细致讨论以下两类活动:一是搜集信息,一是评价信息。

一、搜集信息

第一类活动需要明确两方面的问题:第一,需要哪些信息? 第二,怎样搜集这些信息?

1.明确信息需求

充足的信息是决策的基础。在搜集信息之前,需要先问自己:我已经掌握了哪些信息? 例如,在这个领域是否有过个人经验,是否学过相关的课程,是否读过相关的书籍、文献,是否写过与这一课题或者问题相关的文章,是否曾与别人讨论过这一话题?在总结既有的经验和知识储备之后,可以列一个清单,明确那些尚未掌握、未来可能需要的信息类型及其可能的来源。然后,继续问自己:还需要哪些信息,从谁那里可以获得这些信息?

2.搜集信息的方式

一旦确定需要的信息类型,就要尽可能从多种渠道搜集信息。在信息搜集阶段,不用辨别什么样的信息是重要的,什么样的信息无关紧要。要像海绵一样,尽可能搜集相关的信息,稍后再对信息进行评估和筛选。

首先,通过收集一手资料的方式来获取信息。收集一手资料可用以下方法:

(1)直接观察。在可行的情况下,直接观察是一种不错的资料收集方法。例如,小团体要解决小区乱扔垃圾的问题,可以采用摄像或者拍照的方式记录居民丢弃垃圾的行为,了解该小区垃圾乱扔问题的严重程度。对于那些未经训练的人来说,直接观察有三方面的缺陷:首先,观察可能不客观、不准确,如由于耐心不足或所处位置不佳而导致观察者无法完整地获得信息;其次,报告可能不准确,如使用的描述性语言不谨慎或者绝对化;最后,观察者可能存有偏见,会不自觉地在想要观察到的方面投入更多精力。最后一个方面是未受训练的观察者最致命的缺陷。

(2)调查。在了解某类人对某一问题的看法方面,调查是十分有效的方法。调查的第一步是弄清楚调查的目的。比如,调查宿舍犯罪问题的目的,是想了解现有的安保措施能在多大程度上保护学生的人身财产安全。你可能会列出一系列的问题,如学生对宿舍安全措施了解多少,使用这些措施的频率如何,对这些安保措施的有效性的判断是怎样的?另外,你可能还想收集受访者的人口统计学信息,如年级、年龄、性别。以下是关于调查的四个具体指导方针:第一,随机选择想要了解的群体的一组样本;第二,找几个不是调查对象的人填写问卷,如果他们觉得回答问题有困难,可以修改问卷;第三,说明调查所需花费的时间,询问目标对象能否参加调查,不要强迫他人参与;第四,确保询问每一个受访者相同的问题,谨慎地录入数据和下结论。

(3)访谈。这方法可以提供有用信息和专家证词。熟知特定领域的人可以帮助你厘清问题,避免信息查找过程中浪费时间和精力。使用这一方法时,首先,睁大眼睛——不是每一个在银行工作的人都了解经济形势,也不是每一个老师都清楚学生的家庭情况——选择那些在你想要了解的问题上最有发言权的人作为谈话伙伴,与他们进行深入交谈。其次,仔细规划每一次谈话,包括约定谈话的时间和地点。最后,要守时,准时开始访谈,在约定的时间内结束谈话。

除了上述三种方法以外,还能通过二手资料来了解必要的信息。获取二手资料的方法主要有以下三种:

(1) 图书馆。图书馆搜集的资料可以弥补实地调研的不足。例如,没有时间开展大规模的调查,或者找不到专家进行深入交谈时,图书馆提供的各种纸质资料,包括图书、杂志、说明书、小册子以及各种各样的政府文件,都是有用的信息源,可以帮助你获得比较可靠的专家意见而无需当面咨询专家。

(2) 互联网。互联网也是非常简便的搜集信息的方法。目前,大多数的大学图书馆都提供在线检索服务,网络搜索越来越人性化。另外,日益增多的电子杂志等数字化资源也可供利用。不过,在使用互联网搜集信息时,一定要注意检验信息的可靠性、客观性、准确性、新近性以及有用性。譬如,生病的时候不去医院而是从"百度"搜索引擎上获取疾病的治疗方法就不是明智的选择。

(3) 日常活动。除了前述信息搜集方式以外,信息也可能来自于不经意的日常活动,如与家人、朋友随意的谈话,或是听广播,看电视,浏览论坛、微博、微信朋友圈。留心观察生活,尽可能利用这些渠道搜集信息。

二、批判性地评估信息

搜集信息的下一步是评估信息。海量信息涌来时,必须浪里淘沙,去芜存菁,找到有用信息。如果团体决策建立在不准确或者过时的信息之上,不管之前搜集的信息多么有条理,最终决策也会有缺陷。信息评估是批判性思维运用过程中的关键环节。这一环节包含三个方面的活动——明确信息的结论和论据、评估论据以及评估论证过程。

1. 区分结论和论据

评估信息之前,先对信息内容进行分析,确认作者或者说话者究竟想要表达什么。先明确"作者或者说话者的结论是什么",然后,明确作者或者说话者导向这一结论的理由。最后,确认支持每一个理由的依据。在这里,结论与论点同义,理由及其依据构成通常所说的"论据"。

以下是一封推荐马丽竞聘实验中学校长的公开信。假如你是该校教职工,当你看到这封信时,你会如何理解它的内容?这封信的结论是什么,导向该结论的理由有哪些,依据是什么?

> 尊敬的实验中学教职工:
> 　　马丽是管理实验中学的最佳人选。我们需要像她这样关爱孩子的人。她毕生都居住在鹭岛,她的三个孩子都在教育系统工作。过去六年间,她一直是中国教育协会的活跃成员,曾担任该协会属下的高等教育分会的会长。她拥有非常丰富的行政经验,在她担任市政协委员的第二个任期,她牵头制定了废除农民工子女上学"择优录取"的方案,被其他很多城市效仿。在担任市政协委员以前,马丽还教过九年书,拥有教育学博士学位。总而言之,马丽是实验中学需要的那种充满爱心、经验丰富的领导者。我们应该支持她当选。

不难看出,这封信的结论是"我们应该支持马丽管理实验中学",理由有三:第一,马丽关心孩子,因为她自己就是一位母亲,曾六年活跃于中国教育协会,她的三个孩子也都在教育系统工作;第二,马丽行政经验丰富,曾两度担任市政协委员,起草了被多个城市效仿的农民工子女入学方案;第三,马丽了解鹭岛的教育行业,她本人曾在鹭岛接受教育,拥有教育学博士学位和从事教师工作九年的经验。在明确这封信的结论和理由后,可以开始评估论据和论证过程,看看这一结论是否可靠。你会发现,对信息内容的分析化简了之后的评估工作。

2.对论据的评估

面对结论,先问"我为什么要相信这一结论",只有结论没有论据,可以质疑这一结论的可靠性。如果论据伴随着结论,接下来的问题是"我可以在多大程度上相信这些论据"。常见的论据包括直觉、个人经验、证人证词、统计数据和案例五类。接下来,对评估这五类论据的可靠性:

(1)直觉。借助常识或预感来支持某一声明。看到"常识告诉我们""我就是觉得"这样的表述,表示将要评估的是直觉型论据。由于直觉是主观化、个人化的判断,他人难以评估其可信度。面对这一类型的论据时,必须保持非常审慎的态度。

(2)个人经验。从一次或多次印象深刻的个人经历中提炼出来的概括性观点。听到"据我所知""按照我的经验"这样的表述,表示将要评估的是个人经验型论据。评估此类论据时必须明确一点,个人经验很少能"放之四海而皆准"。例如,经常看到扒手在公交车上偷手机,并不意味着"坐公交车手机会被扒"这一结论是典型的或正确的。

(3)证人证词。采用特殊人物的言论来证明某一观点。证人的专业性和个人利益是评估其证词可靠性的重要依据。作为证人的一种,专家或权威拥有专业知识,其证词通常更可信,但也有失误的时候。例如,亚里士多德认为两个铁球从高处落下时较重的会先落地,早期医学界认为女性的歇斯底里症源于子宫的异常。评估证人证词类论据的可靠性时,可以先问几个问题:证人是这个领域的专家吗,在提供可靠证词方面的历史声誉如何,其证词背后有无特殊动机?

(4)统计数据。通常是一组简单的数字,如男性选民占总体选民的52.1%,世界上共有224个国家和地区。统计数据可以为观点提供支持,但也可能出现问题。评估统计数据应注意以下几点:数据来源是否可信,是否有偏见,数据是否来自于能够代表总体的样本,是否存在反向数据,数据是否过时?

(5)案例。对某一特殊议题或者现实的说明。强调事实最有力的方式是举例子。例子可以是真实的,也可以是虚构的。真实的例子被称作"事实",已经存在或发生;虚构的例子可以呈现活泼生动的情境,帮助他人更好地接受观点。通常,评估案例可以提问:这一案例是否典型,是否有意义,是否存在反例?

3.论证过程的评估

评估了论据的可靠性之后,接下来确认论据是否足以为结论提供逻辑支持。这一过程包含两个环节:一是探寻论证中隐含的假设,一是评估论证是否存在逻辑谬误。

在论证过程中,被明确提出的理由常常需要借助其他未被阐明的理由才能完整地支持结论。所谓"论证中隐含的假设",实际就是那些在逻辑上把结论和论据联结起来的未被阐明的观念。对于作者或者说话者来说,这些观念理所当然、不证自明。发现这些观念并评估其正确性是确认论证过程合理与否的前提。

> 报纸和电视记者拒绝泄露他们的信息来源是合法的吗?毕竟,记者与信息提供者的关系,类似于牧师与忏悔者、律师与客户、医生与病人的关系,所有这些在法律上都注重对隐私的保护。而且,如果这一关系得不到保护,公众需要的信息来源将会枯竭。

在这篇短文中,作者的结论是"报纸和电视记者拒绝透露消息来源是合法的",其理由在于:第一,记者与信息提供者之间的关系特殊;第二,如果这一特殊关系得不到保护,新闻的信息来源将会枯竭。第一条理由隐含的假设是"记者与信息提供者的关系和其他几组关系并无不同"。不难发现这一假设的错误之处——与牧师、律师和医生不同,记者始终需要公开信息源所提供的信息。至于第二条理由,它隐含的假设是"信息提供者都害怕自身信息被披露"。当前,隐私保护议题正在引起广泛关注,理由二的隐含假设或许是合理的。提炼和评估隐含假设之后,可以初步判断这篇短文论证过程的合理性。

接下来,进一步评估论据与结论之间的逻辑关系,保留有用的信息,剔除论证谬误的信息:

(1)过度概化。以局部推断整体。"概化"是一个论证过程,建立在细致的数据收集和适当的统计分析基础之上的结论通常是准确的。"过度概化"才是一个问题,它意味着数据不足以支撑结论。例如,读到几篇有关青少年犯罪的报道,由此得出青少年犯罪率在上升的结论。显然,几篇新闻报道并不足以支撑这一结论。如何验证一个结论是不是过度概化?需要问以下这些问题:这一结论是否基于充分的案例或样本,这些案例或样本是否具有代表性,选取案例或样本的过程是否存在偏差,有无与结论相反的案例?

(2)混淆因果关系。因果关系的存在必须满足三个条件,缺一不可:第一,两个因素之间存在相关关系;第二,两个因素之间的关系不由其他因素造成;第三,作为原因的因素在时间上先于作为结果的因素。有时候,我们会化简因果关系,如认为一件事只有一个原因,或先后发生就意味着因果关系。例如,由于经理提高了产品质量,这个公司的利润有所增加。这一说法把质量提高作为利润增加的唯一原因。实际上,公司利润的增加有多种原因,如员工熟练程度的提高,原材料价格的下降,成品价格的上升,技术的改进,管理的升级和员工士气的提高。两件事先后发生,我们会将二者的关系判定为因果关系,实际上这两个事件都由第三个事件引起。例如,与公立大学相比,美国私立大学的毕业生进入国会和世界500强企业的机率更高,这说明大学类型决定学生的职业成就。果真如此吗?在美国,私立大学的学费远远高于公立大学,能承担得起高额学费的家庭往往原本就拥有较高的社会经济地位,换句话说,私立大学毕业生较高的职业成就是因为"赢在起跑线上"。下面的问题有助于检验因果关系:这种因果关系看起来合理吗,它们是先后发生的吗,有没有其他的因素导致当前的状况?

（3）对人不对事。当个人观点被驳回时，论证可能会挟带个人偏见，矛头转向他人而非他人的观点。例如，"你不要相信她的话，因为她是一个骗子"，对方可能真的行过骗，但这并不妨碍其当前看法或观点的正确性。在小团体传播过程中，对人不对事的论证方法时常被使用，只是不像例子中那么直露。这一类型的论证谬误会使团体讨论偏离正轨，从观点探讨转向人身攻击。

（4）非此即彼。二元思维，假定只有两种可能性存在。生活中，非此即彼的情况其实很少存在，但我们很容易陷入二元思维。例如，公民素养的培养不是家长而是学校的责任。乍一看，或许会赞同这一说法。再仔细想一想，会发现这一说法存在问题——公民素养的培养主体只有家长和学校吗？常识告诉我们，同龄人的榜样和媒体的倡导同样也能培养孩子的公民素养。显然，这种非此即彼的论证是错误的，它忽视了中间可能性。

（5）错误类比。将两个并不完全相同的事物进行类比。类比有助于具体、生动地理解结论。这种类型的论证只有在比较对象的所有重要方面都相似的情况下才可行，要找到合适的类比物或者情境并不容易。例如，在大学学广告根本学不到真功夫，这就像通过视频来学游泳，实际从未真正进过泳池，通过模拟游戏来学开车，实际从没摸过真正的方向盘一样。粗略想想，或许会觉得这种说法有一定的道理，毕竟，大学教育与职业需求的错位一直是国内教育界的困扰。然而，审慎地思考一下，会发现广告学本科教育提供多种方式，包括案例教学、指导学生参加各种广告类赛事以及企业实践，帮助学生接触广告实务，切实"做广告"。换句话说，广告系本科生有各种机会"下水游泳"和"开车上路"，前面的类比并不成立。运用类比这种论证手段时，一定要仔细审视比较对象在重要方面的相似性。

第三节 阻碍批判性思维的因素

了解批判性思维的内涵、价值及其运用方法以后，一起来看一看阻碍批判性思维的因素。批判性思维对于独立性的要求很高。在团体互动的过程中，拿捏"独立"的分寸并不容易，有很多因素会妨碍思维的独立性。

一、冲　动

古语云"三思而后行",冲动的人常常急于采取行动。我们会直接接受第一个进入脑海的想法,尚未收集和评估信息就直接给出结论。例如,全国大学生公关大赛每次都会提供若干个选题供参赛者选择,为了节约时间,一些参赛小组仅凭直觉选择参赛题目,直到真正开始着手准备时才发现自己缺乏驾驭选题的能力。这些小组如果愿意稍微花一点时间搜集信息,如成员的个人经验和知识储备,往届大赛获奖选题的类型、原因,本届大赛评委老师的背景,选择获许就会不同。独立、成熟的批判性思考者会时常问自己一个问题——决策之前搜集了足够的信息吗。

二、权威依赖

中国文化强调"敬老尊贤""尊师重道"。生活中,我们总是担心自己的表现不符合权威人物的期待。例如,非言语传播课的老师要求学生制作"符码库",搜集、整理和报告中国人日常互动过程中常见的非言语符码及其意涵。对于老师来说,这一作业的根本目的在于提高学生观察、分析非言语行为的意识和能力,重在体验,因而没有必要对作业内容及其结构和形式提出硬性要求。尽管如此,不少学生还是会不断询问老师:符码库应该包含多少个非言语符码,每一个符码的说明应该包含多少张图片?这其实就是权威依赖的表现。长年的应试教育使得学生们习惯了这样的思维方式,总是等待老师来告诉自己该怎样思考、总结或者做些什么。

三、缺乏自信

与权威依赖相伴随的一个因素是缺乏自信,其表现包括两方面:一是不敢提供信息或发表观点,一是在信息或观点受到别人挑战时退缩甚至主动退出。成员的沟通意愿对于团体决策来说非常重要。无论掌握的信息多么充分,观点多么新颖,不表达出来,这些信息和观点对于团体来说就没有任何价值。同样,无论想法多么合理、深刻,遭遇不同意见时立刻退却、一言不发,团体也不可能从这些想法中受益。

缺乏沟通意愿可能是态度使然,如缺乏热情,对团体合作的结果漠不关心,也可能是性格使然,如受到交流恐惧的困扰。如果是后一种情况,除了咨询心理专家,尽可能调整自我状态外,也可以尝试在小团体中扮演信息提供者的角色——充足的信息准备工作有助于你轻松参与团体互动,真正为团体决策做贡献。

四、教条、死板

还有一些人,他们从不缺乏自信,相反,他们认为自己无所不知,所以他们选择自我封闭,排斥改变和创新,将所有不符合自身想法的信息和观点拒之门外。像这样教条、死板的人不会对最佳决策的探寻和筛选感兴趣,因为他们坚信自己的决定就是解决问题的最好办法。例如,团体讨论"在所有的公共场所禁烟是否合理",而这个成员恰好支持禁烟,那么他会在其他成员发表反对意见时走神或与人聊天。如果恰好有两位成员都教条、死板,他们的立场又截然相反,这次讨论极有可能达不成任何共识。教条、死板的人在多数小团体中都不受欢迎,很少能成为团体领导者。

五、懒　惰

最后一个妨碍批判性思维的因素是懒惰。批判性思维需要时间、精力和个人努力。懒惰的人图省事,希望别人直接告诉他们做什么、怎么做,不愿意独立思考。你或许会觉得,跟前面描述的那几类人相比,这类人的存在似乎无伤大雅。事实上,懒得独立思考对团体决策的伤害并不比前述几种情况要小。为什么呢?批判性思维的培养不是一蹴而就的,相关能力只有在实践过程中才能培养。将独立思考的责任推给他人,就失去了培养批判性思维能力的机会。一个或几个成员在批判性思维上的匮乏可能会严重降低团体决策的质量。绝不要轻视懒惰可能给小团体造成的负面影响!

第七章　小团体的规范

你应该听过《皇帝的新衣》这个童话故事。讲述这个故事时,老师和家长们通常会对你说,做人要诚实,不要说谎。这样的说法没错,但可以换个角度解读。如果说皇帝是被自己对新衣的渴望蒙蔽双眼,臣子和百姓为什么也会相信骗子的话而不是自己的眼睛?童话描述了一个欣赏聪明人的社会,人人都希望自己能够"聪明地行事"。换句话说,"聪明地行事"是这个社会不言自明的规范。大多数人不愿意挑战它,所以加入夸赞者的行列。孩子之所以能说真话,是因为他尚未充分地社会化,不理解什么是"聪明地行事",自然也不畏惧做一个"愚蠢的人"。这个童话故事说明,社会规范并不必然合理,不一定有利于社会的发展;挑战规范不是容易的事情,在规范面前,大多数人会选择遵从。

什么是规范?为什么要遵从规范?对于小团体来说,规范究竟意味着什么?本章将逐一回答这些问题:首先,界定团体规范,说明团体规范的价值以及成员遵守团体规范的原因;接下来,介绍小团体确立和执行规范的方式;最后,讨论团体规范的合理性问题,简要介绍一些挑战和改变不合理的团体规范的策略。

第一节　理解团体规范

一、团体规范的定义

团体规范是团体成员必须遵守的行为和程序方面的标准,规定团体互动中哪些行为可以被接受,哪些行为不被允许。换言之,规范是个体成员被允许的行为的界限。从不同视角出发,可以把团体规范分为不同的类型。

1.任务规范、程序规范和社交规范

从功能上,可以将团体规范分为三类——任务规范、程序规范和社交规范。任务规范帮助团体达成任务方面的最终目标。例如,某志愿者团体正在进行头脑风暴,目的是为当地的一场慈善活动找到筹集资金的最佳方法。为了实现这个目标,这个团体也许会建立任务规范,要求成员保持批判性思维,主动分享自己的想法,或者为他人的想法提供论据支持。程序规范限制团体的决策流程和方法。比如,志愿者团体可以选择用头脑风暴的方式来获得更多想法。社交规范帮助管理团体成员之间的交流方式。例如,志愿者团体的成员互相用昵称称呼对方,在会议结束后一起出去喝咖啡。

2.首要规范和次要规范

不是所有的规范都同等重要,部分规范在小团体中扮演重要角色。影响团体任务的完成情况,为团体成员所看重的规范,被称为"首要规范"。违反首要规范的行为通常会引发其他成员的不满。违反者可能被责备、批评、孤立,甚至被踢出小团体。对团体和团体成员影响较小的规范,被称为"次要规范"。与首要规范不同,次要规范很少真正影响团体职能的发挥。尽管如此,它也对团体成员的行为具有约束力,违反这些规范会使其他成员感到不舒服。例如,偶尔飙脏话会引发其他成员的反感。

3.显性规范和隐性规范

团体规范可以是明确的规定,也可以是潜在的约束,二者分别对应"显性规范"和"隐性规范"。显性规范是正式、成文的标准,通常由上级组织制定,偶尔可由团体自行制定。作为小团体的政策或制裁条例,显性规范由领导者监督执行。隐性规范是非正式的、不成文的行动标准,在团体的文献资料或正式条例中看不到,但它对于成员行为有明显的约束力,通常由成员之间的压力促成其执行。

既然规范有可能不被明确表达,加入一个小团体时,怎样才能全面了解既有规范,尽快融入呢?以下方法有助于判断团体规范的内容及其重要性:第一,反复出现的行为通常意味着规范的存在。观察团体活动,例如,谁说话比较多,会议如何开始和结束,成员是否在会议结束后留下来聊天,如何决定成员座位,你可以初步了解这个团体的任务规范、程序规范和社交规范。第二,规范被违反时团体成员的反应表明这一规范的重要性。例如,有人打断别人发言,如果个别成员面色微愠,表示"不打断他人发言"很可能是这个团体的次要规范；如果团体讨论出现短暂的沉默，那就表示这一规范十分重要。

二、我们为何需要规范？

生活中经常会看到，一些规范先前被很多人遵守，如今却少有人在意。规范是不断变化的，就如同音乐潮流一样。80年代的人喜欢听邓丽君、老狼的歌，现在的年轻人们喜欢周杰伦、王力宏。尽管如此，还是要留心规范的变迁，经常改变自身行为以遵守新的规范，因为规范可以提供行动的"脚本"，减少冲突和促成群体认同。这三条理由均着眼于规范在人类社会中的价值，但它们同样适用于小团体。

1. 提供行动的脚本

首先，规范提供行动的脚本，告诉我们在何种环境下该如何行事。就如同戏剧表演中的剧本，规范告诉演员在什么时间、什么环境下应该说什么、做什么，接下来又会发生些什么。没有剧本的指引，好演员也会感觉"压力山大"。张曼玉在拍摄完王家卫执导的电影《花样年华》后曾感叹，没有剧本的拍摄让人痛苦。最开始的时候，每到片场，张曼玉都要问导演，"我是谁，我该怎么演"。社会学家欧文·戈夫曼说，人生就是戏，每一个人都是"社会演员"。规范提供了平常人每日表演所需的剧本，使行为具有可预期性，降低面对新环境时的不适感。在小团体中，规范同样提供重要的行为标准。比如，参考团体规范，可以选择与他人进行言语和非语言交流的方式，决定谁能够参与谈话，在什么时间参与谈话，谈话过程中什么能聊、什么不能聊。

2. 减少冲突

规范的第二个作用是减少冲突。规范提供关于社会生活的共识和一致意见，通过社会化的方式传递给社会成员，使之遵循共同的行为方式，减少冲突发生的机率。冲突源于差异，规范意味着一致性。大多数人按照同样的方式行事时，我们更容易感知到彼此之间的相似性，更容易对他人产生好感，更不容易与他人产生冲突。例如，如果所有人在穿过人行横道时都严格遵守信号灯的指示，所有车在经过无信号灯的人行横道时都能减速让行，那么，此类区域发生交通事故的概率就会大大降低，因为事故导致的路面纠纷也会相应减少。同样，在小团体中，如果所有人都能认真负责地对待分配的工作，不拖延，不懈怠，成员士气就不会被"酱油党"拖累，团体合作的进度有保证，成员关系自然也会更和谐。

3. 促成群体认同

规范的第三个作用是形成群体认同。规范常常从个人态度转化而来,个人态度得到他人认可,成为共同遵从的行为标准,意味着规范的形成。很多时候,团体规范是根据组织文化或团体成员的常识制定的,是组织或团体对于行为的对错、好坏、恰当性的假设或预期反馈的集合。通过告诉成员什么能做,什么不能做,规范定义团体的本质。在确立和遵从团体规范的过程中,成员明确感受到彼此之间的相似性,产生团体感,形成团体认同。比如,课堂作业小组要求所有成员在做简报时都使用"我们"而非"我"的表述,以尊重每一个组员的付出。这一规范时刻提醒成员,团体的每一个阶段性成果都是全体成员共同努力的结果。在珍视他人贡献的过程中,成员的凝聚力会变强,对小组的认同感会更深。

三、我们为何要遵守规范?

生活中,并非所有人都能认识到规范的价值。于一些人而言,社会规范限制行动自由。既然如此,为什么多数人还是会选择按规范行事?

1. 从　众

"从众"心理是规范被遵守的重要心理机制。所谓"从众",俗称"随大流",指因为真实或想象的群体压力,个体观念和行为与群体中的多数人保持一致的现象。从众是相当普遍的心理机制,不能等同于负面现象。当一件事物引发多人关注时,很容易产生"随大流"的行为。设想一下,你和几个朋友在热闹繁华的街道上停下来,一齐抬头望天,用手指向天空。即使空中并无特别,没有飞机、彩虹,甚至连只飞鸟都没有,你们身边还是会聚集一些抬头望天的人。其实,你们并无控制他人行为的神奇能力,只不过是你们的举动引发了路人的从众行为罢了。

2. 从众的动因

为什么从众?传统的理论认为,从众的原因之一是主观上的不确定性,即对自己观点、行为的正确性缺乏信心且无法进行客观检验时,从社会比较,从"他人是否这样认为"中重拾信心。从众行为发生的第二个原因是对群体监控的感知,即为了避免因偏离规范受到群体的惩罚,或为了获得社会的认可而顺从群体中多数人的观点和行为。传统的从众理论着眼于人际影响,无法精确解释"独立"和"反从众"现象。这里所说的"独立"指个体在群体压力下依然保持一定的独立性,观点和行为不受群体左右;"反从众"指个体对群体怀有敌意情绪,故意与群体规范对抗。

在这一方面,20 世纪 60 年代兴起的社会认同理论提供了较为合理的解释。该理论认为,从众是一种规范行为,源于参照信息的影响:首先,将自身归类和定义为某一社会类型的成员,即"我属于某一类人",如"我是一名学生";然后,建构或学习该类人的规范,即"这类人是如何行事的",如学生要按时上学、认真完成作业;最后,将这些规范赋予自身,在类型成员资格显著的情况下,个体行为会与群体规范一致,即"我是其中之一,所以我也这样行事",如因为"我是一名学生",而且学生的身份对我来说很重要,所以"我会按时上学、认真完成作业"。在任何情况下,制裁、惩罚、奖励等方式都会导致对规范的顺从;在非强制的情况下,个体会遵从认同的群体的规范,独立于不认同的群体的规范,对抗那些希望与之撇清关系的群体的规范。

3. 越 轨

"越轨",也叫做"偏差行为",是与规范密切相关的概念,指个体违反群体中多数人认可的规范的现象。与从众行为一样,越轨行为也是普遍现象。越轨并不必然带来冲突,只有那些违反重要规范的越轨行为才会招致群体的惩罚。越轨具有相对性,某一群体中的越轨行为在另一群体中可能就合乎规范。对越轨行为的评价取决于团体规范本身的合理性。

当成员的个体目标与团体目标一致时,或当成员计划长期待在这个团体里时,亦或是当成员感受到较强的团体凝聚力时,或者当成员认为自己是团体里力量较弱的一方时,成员多半会选择遵守团体规范。相反,如果成员不在意这个团体或它的目标,或这个团体是一个短期团体,或成员认为自己是更有权威、更有力量、地位更高的一方,成员不重视团体规范,可能产生越轨行为。

第二节　小团体中规范的确立与维系

理解规范的内涵、类型、价值和心理机制后,进入下一个议题:在小团体中,规范如何被确立和维系?

一、规范的确立

规范是团体互动的产物而非团体成员将既有的行为标准内在化的结果。在小团体中,规范可以经由团体形成之初的偶然性行为或因为成员明确表达而得以确立,也可能因为某一次关键性事件或外部文化环境的原因而被成员自然接受和实践。

1.偶然性行为

在团体互动的最初阶段,如初次见面时,成员通常会产生不舒适感或者不确定感。此时,任何能减少不确定性的行为都有可能重复或被其他成员效仿,成为团体的习惯。比如,面对初次见面的舍友,你不知道该如何称呼对方。此时,如果有人直呼你的名字,假设你的全名是"李志刚",对方称呼你"志刚",你就可能会参考这一方式来称呼对方及其他舍友。当这种称呼方式被其他人效仿时,它就成为你所在宿舍的规范。团体发展之初形成的规范通常不易改变,其中一些可能在之后的团体活动中成为问题症结之所在。

2.成员明确表达

规范确立的第二种机制是成员明确表达。这里所说的"成员"既可以是团体中的领导者,也可以是不占据领导地位的成员。一些成员会指明所在团体认为适宜的行为,让其他成员快速地了解并遵守规范,这一情况常见于新成员加入时。比如,班主任会在报到时向新来的同学解释学校的要求,如按时上学,不能无故迟到早退,按时交作业等。之后,班长或者同桌可能会告诉新同学,语文老师喜欢活跃的课堂气氛,在这门课上主动举手回答问题的学生能拿到更高的分数。这些提示为新加入的成员提供行事依据,有助于他顺利融入团体。当特定的行为标准被明确标示时,就意味着它已经被确立为团体的规范。

3.关键性事件

规范确立的第三种机制是团体中发生的关键事件。例如,一个由八个同学组成的小团体彼此非常信任,经常在一起聚会,分享自己的"小秘密"。有一天,这个团体中的两位同学将他们团体内部分享的秘密告诉团体外的一名同学,其他六名成员知道这件事后非常生气。接下来的团体聚会上,这六名成员表达了对"泄密"行为的不满。通过这件事,这个团体的成员开始意识到,不将团体秘密分享给外人是团体的规范,每个人都必须遵守,这样才能继续保持团体的凝聚力。

4.文化环境

此外,大多数规范来自日常生活,并不随着环境的改变而改变。比如,尽管随着升学而换学校、班级,但你很清楚,按时交作业、不迟到、不早退等是"学生"应该遵守的规范。不过,身处异文化环境时,我们通常会改变自身的行为以遵守新团体的规范。例如,在中国,抚摸小孩的头表示这个小孩很可爱、聪明,让人心生怜爱,但在泰国,受到佛教文化的影响,人们很忌讳摸人头部,特别是摸小孩的头。所以,去一些有特殊文化的地方,最好先了解一下这个地方的规范,不了解可能带来麻烦。

二、规范的维系

团体规范被确立后,成员会用两种方法确保其被遵守:一是以各种形式奖励遵守规范者,一是对违反规范的行为进行惩罚。本节除了介绍这两种方法,还将讨论如何应对那些装无能、推卸责任的"酱油党"。

1.团体回报

团体回报指以各种形式奖赏遵守规范的成员。在小团体中,拥有较大权力者通常会采用团体回报的方式来鼓励成员遵守规范,形式有两类:一是物质奖励,比如发奖金,送购物卡,发旅游基金,升职;一是精神激励,比如口头表扬,张贴榜单,授予荣誉。相对于团体惩罚,奖赏的方式更能让团体成员自愿、主动地遵守规范。

2.团体惩罚

在团体中,总会有一些不爱遵守规范的成员,即"越轨者"。小团体中出现越轨者时,不及时阻止与纠正,不仅可能拖累整个团体,还可能影响团体成员的团结。那么,是不是只要有人越轨,就必须对他进行惩罚呢?在小团体中,并非所有规范都被同等对待和遵守。通常,团体成员会容忍程度较轻的越轨行为。只有当成员的行为切实威胁团体生存或背离那些使该团体区别于其他团体的规范,引起其他成员的不满和愤慨时,才需要干预。

即便是严重的越轨行为,成员也会循序渐进地施以制裁或处罚。同样性质的越轨行为反复发生时,团体惩罚的力度会逐渐加大。第一次开会迟到,团体成员一般不会说什么,最多在之后的讨论中冷淡你一会儿;再次迟到,成员会更直接地表达不满,当面议论,或就这个事情开玩笑;第三次迟到,成员会直言不讳地提醒你这样的行为干扰团体效率。

此外，惩罚强化的程度取决于越轨者在团体中的贡献和重要性。当其他成员认为你对团体和团体目标的完成很重要时，你的迟到也许会被容忍或处以轻微的处罚；当他们认为你对团体没有什么贡献时，你的迟到也许会成为众矢之的，惩罚力度也会更大。

3. 应对"酱油党"

所有的小团体都有"酱油党"，就是那些消极怠工、对团体贡献很少的人。讨论时他们很少露面，即使到场也基本在神游，其他成员被迫完成本该他们完成的任务。这类人的存不仅威胁团体任务的完成进度和目标达成情况，还会降低其他成员对团体的满意度和认同感。该如何应对这一类越轨者呢？

在小团体传播的通行教材中，对于越轨者的惩罚通常分三个阶段进行：劝说阶段，对成员解释为何要遵守团体规范；强制阶段，强迫越轨者遵守团体规则；如果前两个阶段的措施均无实质效果，进入第三个阶段——惩罚阶段，忽略、孤立或抛弃越轨者。这三个阶段看似简单、系统，在中国文化语境下却很难操作和实施。为什么？因为中国人注重在人际交往中保存彼此的颜面，很少在公开场合批评人，更不用说直接将其踢出小团体！

下面，是一套应对小团体的"酱油党"的"金字塔"策略（图7-1），这些策略来自于笔者开设的"小团体传播"课的课堂。一届又一届的同学集思广益，提出并完善了这一策略。他们的经验，可以为校园内的作业小组以及其他所有成员地位差异不太大的小团体提供有益借鉴。

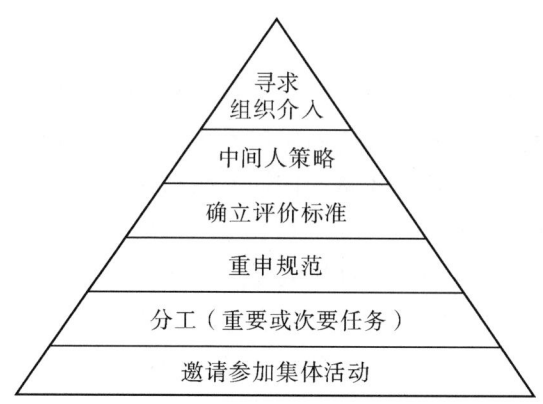

图7-1 对待"酱油党"的金字塔策略

处于金字塔第一层级的策略是邀请"酱油党"参加集体活动，增强参与感。透过这种方式，从侧面提醒"酱油党"他们是团体中的一员，有责任和义务为团体工作付出努力。第二层级的策略是分工,将重要或次要的任务安排给"酱油党"并督促其按时完成。这一策略的风险在于,"酱油党"可能不会认真完成分配给他们的重要任务。因此,除了要不断督促该成员完成工作任务外,团体成员还要做好"二手"准备,将重要任务失败的风险降到最低。第三层级的策略是重申规范,让"酱油党"明白每位成员都必须遵守团体规范,如不遵守将会产生分数低、挂科等严重后果。第四个层级的策略是确立评价标准,将隐性规范转变为显性规范,按照这个标准来评价团体中的所有成员,不讲情面,不搞特殊化。处于第五层级的策略是"中间人"策略,比如找"酱油党"的好朋友来帮忙劝说,督促其完成任务。处于金字塔最顶层的策略是寻求组织介入,比如告诉老师这位同学的具体表现,让老师来评判。

第三节　小团体中规范的影响

采用奖赏或惩罚的方式来确保规范顺利执行的前提,是规范本身的合理性。引言中的故事已经告诉我们,存在的规范并不必然合理。不合理的规范会给小团体带来什么影响?采取什么办法来控制这些影响?

一、团体盲思

成员忽略对规范合理性的思考,一味遵从既有规范时,团体盲思就可能出现。所谓团体盲思,指凝聚力较强的团体在决策的过程中回避冲突及缺乏对决策的批判性思考,影响决策质量的倾向。当团体互动中出现以下三种情况时,团体盲思就产生了。

(1)团体成员极端乐观、盲目投入。成员自我感觉良好,相信自己的决定完全正确,不可能出错。例如,在准备最后的简报时,作业小组把绝大部分的精力都放在美化PPT上,完全忽视简报内容本身的完整性和逻辑性。他们不断告诉彼此:"老师一定会很喜欢这个报告,我们肯定可以拿到不错的分数!"

(2)选择性地收集、评价信息。在形成决策之前,团体成员并未全盘考量和整合信息,只基于有限快速达成决议而不考虑其他可能。尽管最终决定明显存在不合理的地方,或者在之后的执行中出现弊端,团体成员仍然坚持这个决定,只花一点点时间讨论那些显而易见的不合理的部分或干脆视而不见。

(3)成员感受到从众压力。对团体决策表达怀疑或提出建议的成员往往要承受来自团体的压力,久而久之,团体中的"异见者"就会减少甚至完全消失。从众压力表现在三个方面:第一,即使其他成员未施压,你也会自我审查,避免提出不一样的观点,正如漫画的主人公因为不想成为唯一提出异议的人而投赞成票一样(图7-2);第二,终于鼓起勇气,将不同意见表达出来时,会被其他成员视为"越轨者",明确感受到来自团体的压力,如听到其他成员用玩笑的口吻说"你是不是想太多啦";第三,由于自我审查和压制越轨者机制的存在,团体中会出现所有人意见都一致的幻觉。

图 7-2　漫画《我也同意》

二、导致团体盲思的规范

团体盲思的出现,与特定的团体规范有关。常见的导致团体盲思的规范有以下三种。

(1)盲目团结。成员倾向于搁置任何可能给团体带来威胁的因素。团体的凝聚力越强,成员越容易忽略异见,越愿意顺从规范而不是批判性地检验他们的决定。盲目团结的团体会自动剔除任何挑战之前行动的正确性的信息,认为做过的都是最好、最正确、最有道理的。

（2）制止不一致者。要求成员的行为与团体保持高度的一致性，不发表任何异议。在这样的小团体中，领导者或其他成员非常细微的肢体语言，如不经意的皱眉或不屑的眼神，都可能给心存异念的团体成员带来压力，迫使他们进行自我审查，避免表达不同的意见。

（3）批判性思维得不到回报，尤其是得不到领导者的积极回应。不鼓励批判性思维的团体领导者大多态度强硬，喜欢按自己的意愿做决定，要求其他成员无条件地支持他们的做法。在这些领导者面前，坦诚表达自己的意见不会受到褒奖，也无法为自己赢得尊重。由于得不到领导者以及其他成员的鼓励，表达异见者会转而附和大多数人的观点或直接保持沉默。

三、减少团体盲思的方法

小团体传播过程中，要尽量避免团体盲思，可使用以下方法：

（1）将批判性思维确立为团体规范。批判性思维要求成员在决策前细致检验和评估所有信息、观点和论证过程。将批判性思维确立为团体规范，可以鼓励成员自由表达意见和看法。某些团体会指定成员担任"魔鬼代言人"，专门负责质疑多数人赞同的观点，表达不同意见，这一举措被认为可以在保障自由发言氛围的同时避免因为观点分歧导致人际冲突，其实际效果如何，学界尚无定论。为了落实批判性思维，团体领导者必须言行一致。嘴上鼓励观点自由，一听到不同的声音就立刻表现出防御性反应、全力捍卫自身观点的领导行为，会从根本上伤害成员展开批判性思考的积极性。

（2）在问题解决或决策的最初阶段，领导者不要表态，甚至主动回避个别会议，以促成自由讨论的氛围。团体地位差异较大、领导者拥有较大权力时更当如此。如果处在团体最高位置的成员首先表态，出于压力和敬畏之心，其他成员会顺着该成员的想法发言，导致观点单一，对决策质量产生负面影响。

（3）阻止团体的封闭倾向。办法之一是将团体的议交给可信赖的外部机构或公众进行评估，或邀请专家参与团体会议，听取其意见和观点。另外，成员还需要对团体之外的信息保持敏感，如最新的研究发现、媒体报道，尤其要对那些与团体既有结论不一致的信息保持敏感，以帮助团体改进决策。

四、改变团体规范

一些团体规范形成于团体互动的最初阶段，会在之后的互动中导致冲突。比如，初次见面时，由于彼此比较陌生，成员会表现得非常有礼貌，不会轻易对他人观点提出反对意见。这很容易形成回避冲突的团体规范，而后者会阻碍成员在接下来的团体互动中畅快地表达意见或质疑。想要改变不合理的团体规范，过程大致分三个阶段：

(1) 准备阶段。首先问自己："在其他成员的眼中，我是一个负责任、忠诚的人吗？"如果答案是否定的，比如你经常开会迟到或早退，经常不按时完成份内的工作，你就不是质疑既有规范的合适人选。即使你如实表达，其他成员也会对你的提议产生怀疑。最好将你的观点告知受到多数人信赖、具有较高威信的成员，请他代为提出。如果答案是肯定的，你还需要问自己一个问题——继续遵从既有规范会带来什么样的后果？在回答这一问题之前，要仔细观察、评估既有规范对于团体及其成员的负面影响，将这些影响及可能的后果列举出来，为后面的行动做准备。

(2) 建设性地应对。在做好第一个阶段的准备工作之后，选择一个合适的时机，将你的观点与其他团体成员分享。此时，将你观察到的问题及可能后果告知其他成员，确认他们准确理解了你的想法之后，询问他们是否跟你有类似的感觉，以寻求更多的支持者。如果询问之后发现你是团体中唯一有此顾虑的人，你的观点无法引起其他成员的共鸣，就要考虑是否还有必要进入下一阶段，继续促成规范的改变。

(3) 鼓励其他成员改变规范。这一阶段，你可以明确表达希望得到其他成员支持的意愿，积极询问大家对于问题规范的观察和改进意见，鼓励成员为了团体的利益执行新的规范。

第八章　小团体的角色

　　1985年，环球影业推出由美国导演约翰·休斯执导的青少年题材的电影《早餐俱乐部》。上映仅一周，就获得了510.7万美元的票房收入，位列美国单周票房榜第三名。影片讲述五个来自不同家庭背景，性格各异的男女学生——"舞会皇后"克莱尔、"校园运动明星"安迪、"书呆子"布赖恩、"小痞子"本德和"怪咖"艾利森周六被留校温习功课，共同度过一天。

　　在影片的开始，老师给这五个学生布置了作业，要求每人完成一篇题为"我是谁"的作文。最初，只有家庭背景相似的克莱尔和安迪透过表情和眼神进行互动，其他人彼此漠不关心。不久，与老师的第一次对抗，包括给老师取小名，故意关上老师要求全程敞开的教室门等，使五位主人公意识到他们之间的共同点。之后的交谈与互动中，五人逐渐敞开心扉，分享个人感受，包括与父母相处的问题，特立独行以至于不被同龄人接受的烦恼，成长过程中的种种不安。他们还一起溜出教室，一起抽烟，一起与老师对抗。从漠不关心、彼此敌对到相互尊重、共同行动，五位主人公经历了蜕变，从五个性格各异的个体转变为一个为了共同目标通力合作的小团体。

　　这部影片触及本章将要讨论的一个基本问题——个体如何在沟通过程中找到属于自己的位置，据此调整自己的言行，扮演特定的角色，与他人良好互动与合作。围绕这一问题，接下来的内容分四部分展开：首先，回顾有关角色的社会学、社会心理学理论，了解角色的定义、性质；然后，聚焦小团体的角色类型，说明各类角色的基本职能；接下来，描述团体角色生成的过程和机制；最后，简要描述团体成员在扮演特定角色时可能面临的问题及应对策略。

第一节　角色理论

"角色"是社会学、社会心理学领域的核心概念,了解这一概念的内涵和外延,是认识团体角色的基本前提。这一节将讨论三方面的问题:第一,什么是角色,如何定义角色?第二,角色的性质有哪些?第三,在社会生活中,什么因素会激发我们去扮演特定的角色?

一、角色的定义

"角色"原指戏剧舞台上的人物。20世纪20年代,美国社会心理学家乔治·H.米德将它引入社会学理论,指由人们的社会地位决定的、为社会所期望的行为模式。角色由社会地位和身份决定,反映个体在社会生活和关系体系中所处的"位置"。位置是一种社会标签,它告诉人们我们是谁、我们的责任和义务是什么,我们与他人之间的关系如何。一些位置与职业有关,如教师、律师、医生,还有一些位置与家庭地位、年龄、性别等有关,如祖母、舅舅、婶婶。

每一个位置都有一系列行为规范。多数情况下,个体会遵照这些规范行事,履行相应的责任和义务。这不仅是社会控制的结果,也是人类生存的需要。一方面,只有当大家接受和遵守规范,协调彼此的行动,社会才能有序地运转,每一个人才能安心、稳定地生活。另一方面,每个人每天都会面对各种各样的突发状况和新问题,如果每次碰到新状况、新问题都要停下来思考如何行动,生活会变得太麻烦,令人心力交瘁。位置以及与位置相应的行动规范的存在,使得个体可以不假思索、从容淡定地行事。正是在这一意义上,角色存在的合理性超越单纯的社会控制,具有生存层面上的价值。

此外,还有三个与角色相关的概念。第一个概念是"角色期望",指群体或个人对某种角色应具有的特定行为的期望。更确切地说,角色期望代表了社会对处于特定位置上的个体的权利、责任和义务的规定。例如,在多数人观念中,老师的职责是传道授业解惑。因此,无论个性如何,经历怎样,只要当了老师,就要为人师表,要有爱心,负责任,愿意为学生付出和牺牲。这也正是"范跑跑"招致激烈批评、被人唾弃的原因所在。

第二个相关的概念是"角色认同"。个体将角色期望内在化,产生"角色认同",即个体对自我的想象,想象自己处于何种地位,扮演何种角色,该如何行动。角色认同是社会结构和角色行为之间的桥梁。个体不断学习、领会他人的期望,将这种期望内化,据此行事的过程,也就是社会结构作用于个体行为的过程。

第三个概念是"角色行为"。对于这一概念,可以有两种理解:一是角色所规定的行为模式,即所谓的行为范本,前文说到的"传道授业解惑"就是教师这一角色的行为范本;一是个体扮演特定角色时表现出来的行为,即个体的实际行动,如新教师在第一次上课时穿着整齐、正式这样的举动。

二、角色的性质

了解角色这一概念的内涵后,再来梳理角色的性质:首先,角色是习得的;其次,角色是总体性的;再次,角色影响自我概念;最后,角色是多重的。

人并非生来就掌握有关角色的知识。和学习各种个人技能,如弹钢琴、下围棋、开汽车一样,我们通过观察他人、接受他人的指导、展开具体的实践以及解读他人反馈的方式来了解社会对于特定位置上的个体行为的期望。多数人在孩童时期玩过"过家家"。在这类游戏中,透过模仿"爸爸""妈妈",我们了解社会对于这些角色的期待,学会采纳这些角色的态度。

角色为处在特定位置上的人们的行动提供总体指南,但它并不提供行动的细节。初入大学的新生总会经历一段比较艰苦的适应期,尽管他们从父母、老师、朋友以及学长学姐那里获得成为大学生究竟意味着什么的指导,大学生守则、新生入学指南等正式或非正式的文书也提供必要的信息,但如何"进入角色",成为一名真正的大学生,还需要自己摸索,包括与人交往,主动感受、观察和思考。正因如此,处在同一位置上的个体的行为并不必然一致。角色弹性,为社会生活的丰富多样提供必要前提。

扮演好角色需要时间,但只要掌握要领,就能习惯性地将行为纳入特定角色的框架内,据此界定"我是谁"。例如,刚刚入伍的士兵会不满军队严苛的纪律。很快,他会熟悉这些纪律,熟练地行军礼,快速地把被子叠成"豆腐块",无条件地服从长官命令。此时,违反或挑战军纪的人可能会受到这个士兵的谴责。这一转变的原因在于这个士兵将"遵守军纪"这一角色期待内化为自我概念的一部分,于他而言,"因为我是一名士兵,所以我会遵守军纪",由此可以推导,"如果你是一名士兵,你也应该遵守军纪",违反军纪的行为因此招致他的不满。

通常,我们会在社会图景中同时占据多个位置,扮演多重角色。例如,一个人可以既是孩子的母亲,又是广告公司的策划总监,还是社区居民代表、某高校教授的朋友。一个人同时扮演的多重角色被称为"角色丛"。每一种角色都有其特定的要求,需要采取相应的沟通形式。多数情况下,我们能轻易掌握各种角色,在不同要求和沟通形式间灵活变换。但也有一些时候,会难以调和不同角色,在角色转换过程中感受到压力。例如,相比男性,女性在职场的成功通常需要付出更多时间和精力,需要占据很多陪伴家人的时间。追求职场成功的意愿越强烈,女性成为社会所期许的"称职的妻子和母亲"的可能性就越低,感受到的内外压力也就越大。

三、角色的选择

生活中,我们不会同等对待自身扮演的所有角色,某些角色相较于其他更受青睐。对特定角色的认同感越高,我们就越倾向于使自己的行为与社会期望保持一致。那么,什么决定对于角色的认同感?

首先,从扮演角色中获得的社会支持影响对角色的认同感。1989年,美国社会学家查尔斯·H.库利在《人类本性与社会秩序》一书中提出"镜中自我"的概念,强调自我概念在人际交流和联系中发展起来,取决于个体对他人的想象,想象我们在别人眼中的形象以及别人对这一形象的判断。一言以蔽之,我们从他人的反馈中认识自我。多数情况下,正向的反馈能强化对角色的认同感,负面的反馈会导致相反的结果。例如,你梦想成为一名歌手,如果家人和朋友都支持和鼓励你,不断地称赞你的音质和唱歌时的魅力,你可能一直坚持梦想,直到成功;如果身边的人都嘲笑你五音不全、声音嘶哑难听,你可能缺乏信心,很难继续坚持梦想。

然后,在角色上付出的程度越高,越倾向于认同该角色。自我知觉理论认为,难以确定自己的内在感觉时,个体常常会诉诸自我观察来了解自己的思维。比如,观察到自己花费大量时间完成某件事时,我们就会认为这件事是重要的、有价值的。这一理论有助于理解那些不受社会支持但依然被推进的角色行为。例如,在国内很多音乐选秀节目中,常常可以听到这样的故事:即使周围人都认为我音质不好、五音不全,我每天还是会花很多时间练歌,音乐是我的梦想,是我生命中最重要的事情。

此外,从扮演角色中获得的回报也会影响对角色的认同感。这里的回报包括内在回报和外在回报。所谓内在回报,指达成某一目标或完成某件事情以后的成就感、自豪感;外在回报指外部提供的正面回馈或奖励,可以是有形的,如金钱财物的奖赏,也可以是无形的,如他人的支持和鼓励。还是以音乐选秀节目为例。为什么有那么多人不顾评委、观众的嘲讽揶揄参加此类节目?喜爱音乐、实现自我价值诚然是动力来源,成名带来的社会回报也是可能的激励因素,如被他人认识、记住和喜爱的成就感,伴随声名而来的物质财富的积累和社会地位的提高。

第二节 团体角色的类型和职能

在小团体的语境下,角色是团体成员的个性、行为、自我期望以及其他团体成员的期望等因素共同作用的结果。小团体中的角色可以分两类——"正式角色"和"非正式角色"。前者指由上级组织或团体领导者委派的角色,如主席、秘书。此类角色的权利、责任、义务通常被明确规定,任何扮演该角色的成员都需要遵守这些规定。例如,团委秘书的工作指南明确规定,担任该职务的成员必须在每一次会议开始前将会议议程等材料发到每一个参会者手中,在会议结束后撰写备忘录并转发给所有人,每年年终时将团委年度工作纪要提交给团委书记。对于正式角色,成员常抱有特定的期望。例如,期望学生会主席规划学生会的活动内容,关心每一个分部的运转情况,组织会议,经营与老师的关系等。

与正式角色不同,非正式角色强调"职能"而非位置,在团体互动过程中生成,反映团体成员的个性、习惯和行为。例如,在一个小团体中,可能有成员完整履行领导者的职能却不曾得到上级组织的正式委任或被冠以领导者的头衔。加入一个小团体,成为其中一员时,我们会慢慢探索,不断试错,直到找到自己的一席之地,履行特定职能为止。这些因人而异的职能,就是非正式角色。小团体中的大多数角色都是在成员互动过程中形成,都属于非正式角色的范畴。非正式角色大体上可以分三类——任务角色、维护角色和个体角色。以下介绍这三类非正式角色的常见类型及其职能。

一、任务角色及其职能

所谓任务角色,指那些直接致力于完成团体任务的角色。其核心职能是帮助团体获得最大的生产力。常见的沟通行为包括发起讨论、提出建议、评价他人建议、详细阐述自身观点、总结讨论内容、记录重要信息。本章开头提到的电影中,本德就扮演了属于任务角色,如组织大家避开老师的监视,成功穿过走廊。在小团体中,常见的任务角色有:

(1)发起者。任务是提出新的观点和建议。听到某位成员说"我们要不要换个方式来完成这件事",意味着他是发起者。

(2)信息寻求者。任务是向他人询问事实、证据或个人经验。有的成员会问"你们谁知道支持这个观点的数据"或"我想知道往年大家都选择什么样的题目参赛",这表示该成员是信息寻求者。

(3)信息提供者。任务是提供事实、证据或个人经验。团体决策的质量与团体获得的信息的数量和质量密切相关。无论是寻求信还是提供信息,都是达成团体任务的必要职能。信息提供者通常具有研究技巧、分析能力和提供准确数据所需的知识。扮演这一角色时,可能说"我咨询了一下研究方法课的老师,她建议我们……"。

(4)观点寻求者。任务是询问他人观点。与信息不同,观点无法被直接观察和验证。询问观点实质上意味着了解其他成员对特定议题的感受。履行该职能的人可能会问"你对这个问题的想法是什么?"

(5)观点提供者。任务是陈述自身信念、价值、理解和判断。观点提供者常说"我觉得我们应该采用第二套方案"或"我们对待缺席的人必须更强硬一些"。

(6)澄清者。任务是解释、拓展、延伸他人观点。澄清者人会透过提问的方式确保准确理解他人观点,例如问"你的意思是说我们暂时可以不联系媒体吗?"

(7)评价者。任务是表达对观点或信息的价值的评判。评价者会在不冒犯团体成员的前提下分析他人观点和信息,或敦促他人分析团体的进展和成果。例如,"我们预算8000,现在实际花了9000,超标了1000块!"

(8)协调者。任务是梳理他人观点,指出成员提供的信息及观点之间的联系。例如,履行协调者职能的人会说,"张三访谈的结果与李四之前找到的调查报告的结论相互印证,我们可以整合一下两方面的发现,然后……"

(9)程序助理。任务是提供讨论议程、纲要、问题解决程序或决策方法。这一角色的存在是团体讨论高效聚焦的重要前提。通常,扮演程序助理角色的成员会协助团体领导者确保讨论前的准备足够充分,帮助讨论顺利进行。

(10)总结者。任务是回顾并提醒成员已经被提及、讨论和决策的事项。总结者帮助成员理解已经取得的进展和结论。例如,"这些是我们已经讨论过的内容吗?"

(11)记录者。任务是做记录,准备报告和会议备忘录。记录者通常需要边记录边参与讨论,对个人能力的要求较高。

二、维护角色及其职能

维护角色,是那些直接致力于维系成员关系的角色,其核心职能是帮助团体形成和维持凝聚力。常见的沟通行为包括调节、把关、鼓励、支持、舒缓紧张感。在《早餐俱乐部》一片中,克莱尔就曾多次扮演维护角色。例如,她挺身而出,护着被大家起哄嘲笑的布赖恩;她劝说艾利森卸下浓妆,换上更精致的妆容,变得更有魅力。克莱尔的这些举动,改善了五个主人公之间的关系,加速了团体的形成。在小团体中,常见的维护角色有:

(1)支持-鼓励者。这样的人负责表达对他人观点或建议的赞同、欣赏和接受,提高成员之间的好感。从支持-鼓励者那获得的正面反馈,如"你这个主意太棒了"或"张三的建议很不错,我们展开讨论一下怎么样",会让成员感觉自己被认可,感受到团体的温暖和团结。

(2)调解者。这样的人负责协调成员之间的分歧,调节气氛,缓和冲突。成员在某些议题上存在争议时,调解者会试图提出妥协办法,促成共识的达成;讨论气氛变得紧张时,调解者会采用幽默风趣的方式转移大家的注意力,安抚情绪激动者,缓和紧张气氛。例如,调解者可能采用这样的表述来协调成员观点的差异:"我不认为你们俩的观点像你们想象的那么不一样。张三,你刚刚的想法是……李四,你的想法应该是说……是不是这样?"

(3)把关者。这样的人负责确保成员发言时间的均衡。把关者对于讨论的秩序较为敏感,会阻止个别或少数成员垄断全部的发言时间,如询问"在这个问题上其他人有什么意见",鼓励那些腼腆羞涩、沉默寡言的成员表达观点和建议,如"迄今为止,张三还没有机会说话。我知道你研究这个问题已经很久了,跟我们分享一下你的想法?"

(4)感受表达者。其任务是监控团体的感受和情绪,在合适的时间表达自我及团体感受。例如,当团体成员精疲力竭、提不起精神,或当团体成员陷入消极、负面情绪时,感受表达者会及时喊停。"我们现在很疲惫。要不休息一下,过两天,等状态好一点再继续讨论?"

三、个体角色及其职能

个体角色,常将自身需求置于团体利益之上,任务是关注自身需求,保障自身利益。常见的沟通行为包括退缩、卖弄、求帮助、插科打诨、阻挠讨论。此类角色的产生与"隐藏议程"密切相关。所谓隐藏议程,指个体加入团体时所持有的隐含的、无意识的目标,或是个人力图通过团体获取的目标。与隐藏议程相对的是"公开议程",即团体显在的、被明确表达的目标。例如,参加作业小组时,开展某项小型研究并报告其结论是团体的公开议程。有的成员抱着拿高分的目的加入这一小组,有的成员则是因为与某位成员关系好而选择加入,这两类动机都属于隐藏议程的范畴。

隐藏议程与公开议程一致时,如拿高分意味着要更认真、更投入地完成团体任务,隐藏议程可以促进团体目标的达成;反之则阻碍团体目标的达成。当隐藏议程与公开议程相背离时,个体角色就会出现。例如,基于人际关系加入小组的成员可能会力挺好朋友的观点,与其他成员展开无休止的争论,阻挠讨论的推进。因此,与任务和维护角色不同,个体角色的存在不利于团体目标的达成。在小团体中,常见的个体角色有:

(1)隔绝者。将自己隔绝在团体之外的人。其表现包括不参与团体事务,在团体讨论过程中不表明观点和立场,不回应他人言论,不表达自身情绪,不介入团体冲突。被问及个人观点和建议时,隔绝者的回答通常很简单——我没什么想法。

(2)求帮助者。不断强调自己的无能以寻求他人帮助的人。其表现包括强调自己缺乏独立思考和行动的能力,强迫他人帮助其完成本该他自己完成的任务。从求帮助者那里常听到的表述有"我在……方面真的不擅长,让李四来做这个吧",或者"我已经改了五遍了,还是这个样子,谁来帮帮我"?

(3)支配者。试图控制团体进程和方向的人。其表现包括独霸谈话时间,不给别人发言机会,推行自己的观点,拒绝接受他人结论,强迫他人听从自己的领导。听到他人陈述自己的结论时,支配者最常见的反应是"你错了!我们应该这么干……"

（4）卖弄者。需要不断吸引和得到他人注意的人。其表现包括自我吹捧,不合时宜地卖弄自己的才干、经验,把话题引到自己擅长的领域。卖弄者喜欢说"你不觉得我是对的吗"或"你不觉得我很厉害吗"。

（5）阻挠者。阻碍团体进度的人。其表现包括不断提出反对意见,无条件地驳斥他人观点,纠缠那些已经被团体充分讨论并驳回的议题。阻挠者可能在讨论过程中突然情绪爆发,或要求逐字逐句检查已经通过的决策或观点,他们会说:"等会儿,这不对,这个想法太荒唐了!如果你坚持这么做,我就退出,恕不奉陪!"

（6）小丑。插科打诨,影响任务完成进度的人。其表现包括在成员认真讨论观点和议题时不断开玩笑,起哄打闹,嘲笑认真做事的人。对于团体氛围的营造来说,幽默是十分重要的手段,但不合时宜的幽默会影响成员注意力的集中,妨碍任务的完成。没有人希望每当进入正题就听到同一个声音说"你们有没有听过那个笑话……"

第三节　团体角色的形成

既然小团体中的角色大多都是非正式角色,成员通常依据什么来定位自己的角色,确定自己在团体中的作用,找到自己应该履行的职能?这一节将简短回答上述问题。除了解释角色形成的机制外,还将为大家介绍一些与团体角色相关的其他概念,帮助大家更好地理解团体角色确立以后的基本形态。

一、团体支持

首先,设想这样一个情景:你被老师指定为学生会文娱部的部长。在接下来的时间里,你需要召集文娱部的干事们开会,一起策划期末的老生送别晚会。第一次与部门干事的碰面,你会扮演何种角色?是领导会议,还是为大家提供重要的信息？是挑战大家的观点，还是活跃气氛，增强大家的参与感和融入感？了解团体角色形成的机制，就能很好地回答上述问题。

明尼苏达大学的传播学教授欧内斯特 G.博尔曼提供了小团体角色形成的模型（图 8-1）。在这个刺激—反应模型中，他描述了团体角色随着成员互动得以强化的过程。如图所示，在团体互动的阶段一，成员扮演某一角色，履行某项职能；其他成员做出相应的反应，或者模棱两可，或者表达支持、肯定、赞赏，或者表示反对、排斥。进入阶段二以后，获得模棱两可的反馈的成员会尝试再次扮演该角色，以准确观察大家的态度；如果得到正面反馈，他会继续扮演该角色，表现出更大的自信；如果得到的反馈是负面的，该成员会终止之前的行为，转而尝试其他角色。

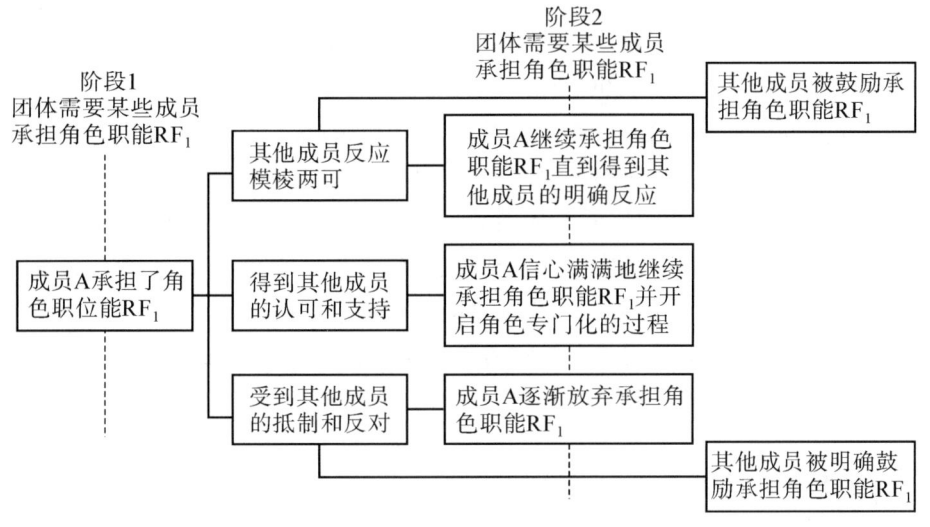

图 8-1　团体角色形成模型

在小团体中，成员扮演何种角色取决于成员自身的特征以及其他成员的反应：得到赞同的行为会不断重复，直至形成成熟的角色行为模式；受到反对的行为则会在下一轮互动中停歇。因此，一方面，通过不断重复从其他成员那里得到支持的行为，个体发展出某一角色；另一方面，根据个体不断重复的行为，团体中的其他成员发展出对该角色行为的诸多期望。

回到这一部分开头设想的那一场景。开会之前，参与其他小团体的经验会不断在你脑海中闪现，如担任校报编辑，参与话剧社表演，在校园咖啡店打工。之前的经验告诉你，讨论要高效，信息准备必须充分。第一次会议的主题是讨论晚会的节目单和表演者名单。学院给文娱部的预算不高,如何用有限经费支撑一台高质量的晚会是摆在文娱部面前的一大难题。为此,你花了两天的时间观看往年晚会的视频,采访你的舍友、同班同学和老师,了解观众对晚会的期待,还托人去联系市里专业的演出团体,询问他们的收费情况。会议正式开始之后,你先听取大家的意见,发现大家的想法有些天马行空、不切实际时,你会说"这几天我收集了一些信息,如果你们有兴趣,我来分享一下"。如果成员的反应是"真的啊""说说看",你会受到鼓励,将自己了解到的信息提供给大家。下一次开会,你会继续保持这一行为方式,为成员提供更多的信息。

在这个案例中,你扮演信息提供者的角色。成员认可信息的重要性,从言语上给予你正面反馈,强化你作为信息提供者的角色,促成你在之后的团体进程中继续履行相关职能。也正因为你的表现,在之后的会议中,成员会不自觉地期待你提供更多信息,依靠这些信息形成决策。不过,在角色期望形成之前,成员通常并不了解各自的角色,也不知道他人对自身行为的期望;只有在角色期望形成后,团体成员才会知晓每一个成员的角色,了解彼此之间的角色差异。

角色形成于团体互动的过程之中,个体特征并不完全决定成员的角色类型。因此,具有领导者的气质和才能并不意味着在任何一个团体中都应该成为领导者。在小团体中具体扮演何种角色,履行何种职能,取决于诸多因素的共同作用,如其他成员的个性和特征,团体的目标和需求,互动的具体时机和情境。同一个体在不同团体中常常需要扮演不同的角色。在团体发展的不同阶段,个体也可能需要扮演不同的角色,履行不一样的职能。

二、角色专门化

当成员的某一角色和职能得到团体的认可和接受时,"角色专门化"就产生了。所谓角色专门化,指成员的某一角色得到其他团体成员的认可,成为首要角色。例如,团体希望你在讨论过程中提供尽可能多的信息,信息提供者就是你的首要角色。角色专门化并不意味着个体独占某一角色,其他成员同样可以扮演该角色。例如,一个团体中可能有两人履行记录者的职能,只是对于其他成员来说,其中一个是主要的记录者,另一个则起到辅助和补充的作用。

此外,角色专门化也不影响单个成员在团体中扮演多重角色。观察成员的行为,对其进行分类,可以提炼出角色模式,又称"角色轮廓"。在图 8-2 中,这位成员在小团体中扮演信息提供者、支持－鼓励者、信息寻求者、观点寻求者、澄清者和评价者六种角色,其中大多数时间都在履行信息提供者的职能。由于他在团体中的主要作用是分享信息,其角色轮廓就是"信息专家"。通常,单个成员扮演的团体角色会总体归属于某一角色轮廓。

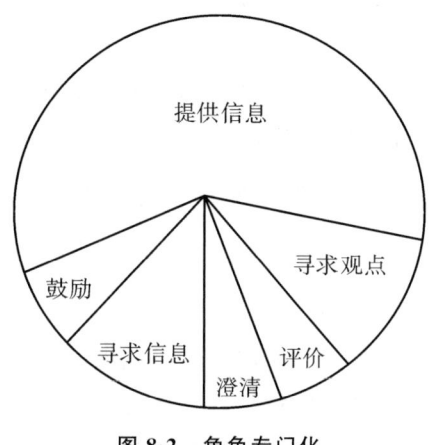

图 8-2　角色专门化

第四节　团体角色压力

角色是一种规范性行为。角色扮演的成功,有赖于社会期望和主体意愿之间的动态平衡。很多时候,社会期望与主体意愿并不一致甚至相去甚远;还有一些时候,社会期望很不稳定,会随着社会观念、价值的演进而改变。无法平衡社会期望和主体意愿时,我们就会感受到角色压力的存在。这种压力不仅存在于高度科层化的社会组织中,也存在于小团体之中。这一节将简要介绍小团体中三种常见的角色压力,提供一些纾解压力的方法。

一、角色紧张

"角色紧张"是角色压力的首要形态。产生此类压力的原因在于团体成员无法扮演某一角色,履行某种职能。缺乏扮演角色的能力或条件,是角色紧张产生的常见原因。笔者曾经参加一个国际学术会议，由于所在专题小组的主席——一位北京大学的教授因事缺席，笔者被组委会临时指派为小组主席。在此之前，笔者从未主持过专题小组，经验缺乏，陷入不安和焦虑，这种负面情绪就是角色紧张的直接表现。同样，被要求收集网络信息的成员因为出差在外无法上网，完不成任务，也陷入角色紧张。

有时，造成角色紧张的不是成员的个人能力和条件，而是角色本身。例如，在职能的分配中，女性常常被委派以记录者的角色，男性常常被推举为领导者。这一选择的背后，是对不同性别的刻板印象和偏见。即使被指派者的确有能力担任该角色，他/她还是可能受到角色紧张的困扰。

二、角色固着

角色压力的第二种形态是"角色固着"。团体角色就如同着装，我们通过不同的着装来适应不同环境的要求。当环境转换时，如处于不同的小团体之中，或处于同一团体过程的不同阶段时，要灵活调整自己的言行，扮演与环境相适应的角色。在任何环境中都扮演同一角色，无法满足环境需求的行为就叫做角色固着。例如，在一个小团体中，你经常扮演把关者的角色。当你加入另一个小团体时，即使已经有成员比你更适合把关，你还是会坚持自己的角色。角色固着可能成为团体冲突的来源。

有时候，角色固着并非源于成员的自身意愿，而是团体强加给个体成员的结果。例如，男性成员常常不愿意接受女性成员的领导，他们坚持让女性在多数或所有团体中都扮演感受表达者的角色。毫无疑问，并非所有女性都适合扮演这一角色，也并非所有的团体都需要由女性来扮演这一角色。很多女性完全有能力扮演其他团体角色，如记录者、总结者，只是社会成见将她们一次又一次地放在于感受表达者的位置上，感受着角色固着带来的压力。

三、角色冲突

角色压力的第三种类型是"角色冲突"。角色冲突可以分两类——角色内冲突和角色间冲突。所谓角色内冲突，指人们对同一角色的期望不一致而在角色扮演者内心产生的矛盾与冲突感。角色间冲突则指一个人扮演的不同角色之间的冲突。

在小团体中,角色内冲突往往由团体角色自身所包含的矛盾造成。一种情况是团体成员与其他成员在理解角色上存在差异。例如,某成员认为领导者的首要职能是组织讨论和分工,其他成员则认为领导者除了组织分工外还应该扮演调解者。当前述成员被其他成员指责,批评她对团体氛围关注不足时,她就会感受到角色内冲突。另一种情况,是团体其他成员对于同一角色有不一样的期望,角色扮演者因此感到混乱和矛盾。例如,有的学生希望老师在作业小组分组的时候采取自由组合的方式,也有部分学生主张由老师来随机分配组员,以避免分组时可能出现的"抱团"现象。此时,决策的老师也会感受到角色内冲突。

在小团体中,角色间冲突主要表现为两种情形,一是空间时间上的冲突,一是行为模式上的冲突感。前者多发生在同时参与多个小团体的情况下,由于团体目标的差异甚至是对立而产生矛盾与冲突感。例如,麦可是某公司的董事会成员。她的经验告诉她,吸纳有犯罪前科的雇员到企业工作会给企业带来若干问题。最近,她被邀请加入一个非政府组织的委员会,致力于帮助有犯罪前科的青年人寻找工作机会。对于麦可来说。同时扮演上述两种角色很困难。在此过程中,她会遭遇强烈的角色冲突感。此外,当某成员改变旧角色,担任新角色,而新旧角色之间存在性质上的差异时,角色冲突感也会出现。例如,很多初入大学的学生都要经历很长一段时间的适应期,他们习惯了高中阶段时刻被监管和高度紧张的学习状态,在大学自由宽松的氛围中感到不适应。

四、预防角色压力的方法

角色压力会使成员陷入负面情绪,给团体表现带来不利影响。可以采取特定的方法来预防各类角色压力的出现。

预防角色紧张的关键在于两方面:一是不要随意指派角色给团体成员,特别是在团体成员明确表示拒绝时,更不能将特定角色强加给成员;一是要对成员遭遇角色紧张时的言语和非言语行为保持敏感,一旦发现成员无法胜任某一角色,就要及时调整小团体的角色分工,以免影响之后的团体进程。

预防角色固着的方法也有两种:第一,保持角色扮演上的弹性,尽量根据周边环境的需求来选择适合自己的团体角色;第二,从一个团体转到另一个团体时,保持角色扮演上的好奇心,不要被一种角色禁锢住,试着扮演不同的角色,获得新的体验,发掘另外的潜能。

最后,预防角色冲突的方法同样有两种:第一,对同一角色有不同理解时,尝试进行有关角色职能的对话和沟通,尽可能寻找双方的共同点,重新界定角色职能,据此调整自己的行为;第二,如果可能,谨慎地选择将要加入的小团体,回避那些可能带来角色间冲突的成员身份。

第九章　领导小团体

2014年年初，沈冰被任命为校友会的执委会主席。刚接手的时候，执委会由包括他在内的五位成员组成，只有他和易新具备相关工作经验，其他三位都是新人。执委会的工作是联系校友，促成他们加入校友会。新人们对这项工作很感兴趣，个个都跃跃欲试，但他们不了解校友会的活动内容，也不清楚执委会的工作流程和方式。

沈冰认为，执委会应该让所有成员平等参与决策，他不希望新人成为纯粹的执行者，这样他们的工作热情会受挫。尽管如此，沈冰清楚地知道，目前这一阶段，执委会需要他和易新的指导。因此，每次会议开始前，他都会先和易新碰头，制定会议议程，确定执委会初期的工作目标和内容。会议过程中，沈冰定会密切关注讨论的方向、内容和进度，为成员分工，确保每位成员对于工作内容无异议。

新人逐渐上手后，沈冰开始鼓励他们表达意见。在他们可以自如地参与讨论后，沈冰又开始鼓励新人承担决策工作，逐渐减少对他们工作细节的指导，将更多精力转移到对决策和会议讨论过程的协调方面。很快沈冰在执委会中的角色顺利地从指导者转变成协调者。年终时，他的工作受到新人们的高度肯定

沈冰的经历是成功领导者的范本。然而，做一个成功的领导者并不像这个范本呈现的那么简单。在小团体传播的过程中，很多拥有领导者头衔或承担领导者职能的人最终都得不到其他成员的认可。更糟糕的是，连他们自己也不知道失败的原因是什么！

接下来的内容围绕"领导"二字展开，主要关注三类问题：第一，在小团体中，什么是领导？成为领导者意味着什么？第二，从过去到现在，如何解释团体领导获得成功的缘由？第三，在小团体传播的过程中，领导者如何产生？

第一节　何为团体领导

本节将界定核心概念"领导"。为了帮助大家更好地理解这一概念,下面还将介绍四个相关的概念——地位、权力、领导者和追随者。

一、地　位

在社会生活中,"地位"指与特定的社会位置相对应的荣誉和声望。它可以源于个人继承或遗传的特性,如家族财富、姣好的外貌,也可以源于个人成就,如多年耕耘于某一学术研究领域,发表了具有广泛影响力的文章和专著。

在小团体中,地位指个体成员相较于其他团体成员的位置和级别。团体地位的差异会影响个体成员的表现。地位较低者的表现通常不如地位较高者,当前者是团体中的少数时更是如此。例如,当某一性别的成员在小团体中处于较低地位且是该性别的唯一代表时,如团体中唯一的男性或女性成员,他们的表现可能很糟糕。

地位与权力相互影响,密不可分。在小团体传播的过程中,处于较高地位的成员通常拥有较多的权力,对其他成员的影响更大。与此同时,个体成员权力的增加也会使其地位提高。那么,什么是权力,它和地位的区别在哪里?

二、权　力

所谓权力,是使他人在你需要的时候,用你希望的方式,做你想要他们做的事的能力。换句话说,权力是个人具有的影响他人的能力,地位是个体相对于他人在社会等级体系中所处的位置。二者相互影响,但并不等同。有些人在社会等级体系中处于较低的位置,却拥有很大的权力。以中国改革开放初期的企业家为例。那一时期,企业家的社会地位并不高,但他们可以左右员工的命运,甚至影响国家政策的走向,拥有可观的权力。根据来源的不同,权力分为以下五种类型:

（1）合法权力。被指派或选举到某一位置上的人因正式的头衔或职位获得的影响他人的能力。例如，法官要求"肃静"时，无论是律师、当事人或听众都会自觉安静下来。之所以出现这样的反应，是因为法官这一职位被赋予了相应的权威。

（2）惩罚权力。对他人施加惩罚而获得的影响他人的能力。例如，公司经理可以训斥、处罚甚至开除违反公司条例或表现不佳的员工时，员工会尽量按照经理的意见来行事，以免受到惩罚。

（3）报偿权力。与惩罚权力相反，报偿权力是从言语和行动上给予他人奖励从而获得的影响他人的能力。例如，还是那位公司经理，如果他经常表扬、鼓励那些表现出色的员工，为他们涨薪、升职，员工也会乐于按照他的意愿行事。一个人回报他人的能力越强，拥有的权力也就越大。

（4）个人权力。凭借人格特质赢得他人的喜爱、尊重和仰慕，由此获得的影响他人的能力。例如，学生非常认真地完成作业，只是为了给他们喜爱的老师留下好印象。由于受到学生的喜爱，这位老师拥有影响学生的能力，这就是所谓的个人权力。

（5）专家权力。在某个领域或方面具备专业性从而获得的影响他人的能力。例如，大规模的传染病，如SARS，H1N1等流行时，你会听从医生和疾控中心的专业人士的意见。面临法律诉讼时，你会认真采纳律师的建议。了解毒品的危害时，你会更加相信戒毒者的现身说法。在多数人的心目中，医生、律师或戒毒者都是各自领域的"专家"，他们的说法被认为具有较高的可信度。

三、领　导

就小团体传播而言，所谓"领导"，指特定情境下透过沟通互动帮助团体达成特定目标的人际影响的过程。这一定义涵盖团体领导的三个重要方面：首先，领导仅是有助于团体达成既定目标的行为，任何阻碍或损害团体目标达成的行为都不属于团体领导的范畴；其次，领导的本质在于施加人际影响，只能透过沟通互动实现，不能诉诸武力或其他强制性的行为；最后，领导必须适应团体情境的需求，是动态的过程而非固定的属性或行为模式。

小团体中，诉诸不同类型的权力，会产生不一样的效果：利用合法性要求他人做事，或以惩罚威胁之，可能招致他人的抵抗；利用奖励诱使他人做事，如加薪升职,可以使他人顺从;只有以人格特质或专业性赢得他人的认同时,才能真正使他人为团体目标的达成而努力。

四、领导者和追随者

小团体的"领导者",指在特定情境下施加人际影响力以帮助团体达成既定目标的人,领导他人的过程实际上是沟通互动的过程。领导者的存在取决于"追随者"的感知和认可,没有追随者就不存在所谓的领导者。

根据权力类型的不同,可以把领导者分为两类:一类是"委派型领导者",包括"监督型领导者"和"同侪型领导者",前者是由上级组织指派或由团体成员选举产生的领导者,主要凭借合法权力、惩罚权力和报偿权力领导小团体,后者也是委任,但与其他成员拥有同等地位,主要负责团体的组织协调工作,基本诉诸个人权力和专家权力领导小团体;另一类是"生成型领导者",指最初是普通成员,由于提供团体必需的领导职能而被其他成员视为领导者的人,一般凭借报偿权力、个人权力和专家权力领导小团体。

第二节　领导理论

如何领导小团体,这一直都是传播理论研究者关注的核心议题。为了回答这一议题,研究者从不同视角出发,广泛发掘和梳理成就成功领导者的因素。早期研究试图从领导者的个人特质和领导风格中找到成功的奥秘,后来的研究转而强调领导小团体的灵活性和弹性,关注成功领导者必须履行的基本职能。下文将一一讨论这些研究视角的价值和局限性。

一、领导特质论

20世纪50年代以前,人们倾向于将领导能力视为个人"特质",认为是与众不同的生理特征和人格特质帮助少数人脱颖而出,成为优秀的领导者。因此,这一时期的研究着重比较委派型领导者与非领导者在外表、言谈、思想等方面的差异,致力于寻找领导者具备而其他人不具备的生理特征和人格特质,以破解领成功导者的奥秘。研究结果间接支持了特质论的假设。例如，委派型领导者通常会比非领导者更高、更帅或更漂亮、更聪明，表达更流畅、自信，与人有更多互动。此外，与其他团体成员相比，委派型领导者通常更外向、主动，更坚持己见，更有恒心和责任心。

尽管如此，理论界对领导特质论很快失去热情。为什么会这样？回答这个问题之前，先来做个练习：首先，请列举三位你心目中成功的领导者；然后，请告诉我，在你看来，支撑他们取得成功的个人特质有哪些？接下来，评估一下，你自己是否具备这些特质？最后，请你根据第二步的答案，归纳这三位成功领导者共同具备的特质。现在，你有什么发现？领导特质论之所以被理论界冷落，是因为它面临三重困境：

(1)个人特质难以测量，对于什么是好的特质，人们存有争议。例如，智谋被很多人认为是成功领导者的必备特质，可它并不是在任何条件下都值得推崇。智谋走得太远，变成一味地玩弄权术，就可能沦为马基雅维利主义。

(2)不存在适应所有情境、放之四海皆准的领导者特质。请你回想一下，你在所有参与过的小团体中都担任领导者角色吗？如果答案是否定的，那就表示在一些小团体中广受认可的个人特质并不能帮助你在另一个团体中成为领导者。在上面的练习中，你也会发现，很难找到三位成功领导者都具备的个人特质。

(3)不存在领导者具备而其他人完全不具备的特质。换句话说，无法确定哪些特质为领导者所独有。在练习中，你认为某位领导者成功的关键在于勤奋。那么，你自己是否也具备这一特质？如果答案是肯定的，就意味着勤奋不是成功领导者独有的特质。

二、领导风格论

20世纪50年代，领导特质论逐渐失去市场，一种新的视角——"领导风格论"随之出现。该理论关注的对象依然是委派型领导者，只是将焦点从个人特质转向行为方式尤其是领导风格。早期研究归纳出三种领导风格——威权风格、民主风格和自由放任风格。威权风格的领导者任务导向较强，会控制团体讨论过程，包括决定议题顺序、重要性和决策形态等，给予成员明确的指令。自由放任风格的领导者则完全相反，他们不关心团体任务完成情况或成员关系，不提供任何指导或引导，是一种"不领导"的领导风格。民主风格的领导者则介于上述二者之间,他们会为团体任务和成员关系提供指导,但不会支配团体进程,而是鼓励成员参与讨论,分享信息和观点,共同决策。

后来的研究者对领导风格重新进行分类。例如,20世纪60年代,道格拉斯·麦克格雷戈尔指出,企业组织中存在两种领导或管理风格,一种是"X理论"风格,强调领导者权威的建立和对下属的严密监控,一种是"Y理论"风格,强调领导者关注员工需求,听取员工的意见和反馈。20世纪80年代,威廉·奥奇补充"Z理论"风格,强调领导者应邀请员工参与管理决策。在奥奇看来,"Z理论"领导风格是很多日企管理成功的关键所在。

领导风格论的主张者认为,总有一种能帮助不同的领导者取得成功的最佳的领导风格。因此,许多研究者致力于比较"领导者中心的"领导者,即偏好威权风格的领导者,与"团体中心的"领导者,即偏好民主风格或自由放任风格的领导者之间的优劣。研究发现,领导者偏好威权风格时,团体的效率更高;领导者偏好民主或自由放任风格时,成员对团体的满意度更高。不过,上述差异会随着成员对领导风格的适应而减小——在成员基本适应领导者的行为方式后,领导风格就不再是团体效率或成员满意度的影响因素。由此可见,并不存在适合任何情境的需要、放之四海皆准的最佳领导风格。不同的团体或团体进程的不同阶段,领导者需要采取不一样的领导方式。这一认知与接下来要介绍的领导应变论相呼应。

三、领导权变论

20世纪六七十年代,特质论和风格论日益明显的局限性驱使研究者努力探索新的方向,寻找一种更具灵活性和弹性的理论,更好地解释和预测在特定情境下究竟什么才是适合的领导行为这一基本问题。应情境转变调整领导方式,采取适当的领导行为,是"权变论"的核心主张。

这一理论的最初形态受到弗雷德·E.菲德勒的系列研究的影响。20世纪60年代,比较了800多个工作团体后,菲德勒发现,生成型领导者的效能取决于特定的领导方式在情境控制上的有效性。他将领导方式分为"任务导向"和"关系导向"两类,并采用任务结构、领导者与成员之间的关系以及领导者的权力作为评估情境条件优劣的指标。菲德勒发现,当情境条件极好或极不好时,即当领导者与成员的关系良好,任务结构明确,领导者拥有较大权力时,或当领导者与被领导者关系紧张,任务结构不明确,领导者权力不足时,任务导向的领导方式的效能更高；当情境条件处于这两者之间时，关系导向的领导方式的效能更高。

菲德勒的权变理论弥补了之前的特征论和方式论在解释领导行为方面的不足，但它存在三方面的问题：首先，这一理论未能提供可靠的测量领导方式和情境因素的工具和方法；其次，影响领导效能的情境条件不可能只包含三类指标，这个清单还有待拓展和完善；最后，这一理论最大的问题在于它将领导方式视为持久稳定的个人特质，这意味着，即便领导者认识到情境的需求也很难调整自己的领导方式，权变理论的现实价值因此大打折扣。

20世纪80年代初，基于对委派型领导者的研究，保罗·赫西和肯尼思·H.布兰查德共同提出"领导生命周期理论"，在一定程度上弥补了传统应变论的不足。该理论认为，领导者与追随者之间的关系是最重要的情境因素，团体成员的状态决定什么是理想的领导方式（图9-1）。在赫西和布兰查德看来，领导者应该根据团体成员的成熟程度决定如何与其互动。领导方式适合成员的成熟程度时，领导者可以获得较高的效能。成员的成熟程度表现在两方面：一是任务层面的"能力"，即成员是否具有完成任务所需的知识、经验和技能；一是社交层面的"意愿"，即成员是否有自信、有动力和有热情来完成任务。

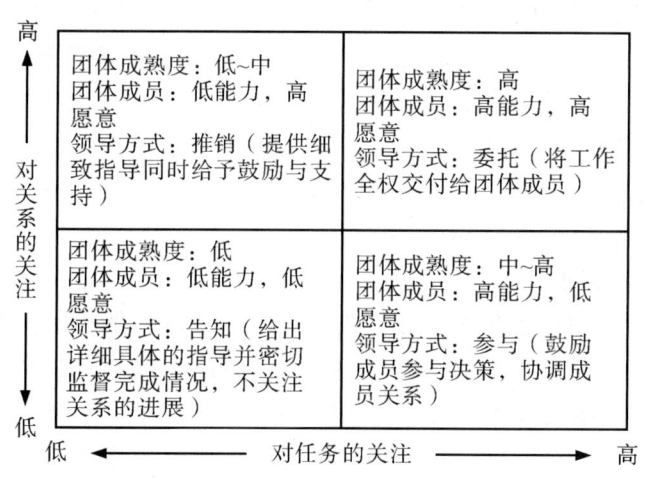

图 9-1　领导生命周期理论

任务和社交层面的成熟度低时，领导者应该采用"告知型"领导方式，为成员提供具体的指导，密切关注他们完成的情况；社交层面成熟度高，任务层面的成熟度低时，采用"推销型"方式，在提供建议的同时观察成员的工作热情，鼓励成员主动寻求信息和观点,这也是沈冰最初采用的领导方式;任务层面成熟度高,社交层面的成熟度低时,采用"参与型"领导方式,发起和协调讨论,与成员共同决策,这是沈冰后来采取的领导方式;社交层面和任务层面的成熟度高时,采用"委托型"方式,责任均摊,让所有人平等参与和影响团体进程。

领导过程中展现出随情境而变的灵活性诚然重要,但不能忽略每个人都有局限。毕竟,我们不是橡皮泥,不可能随心所欲地改变自己的行为方式以适应每一种团体情境的需求。事实上,我们总会采用一种或两种习惯的方式来领导小团体。尽管如此,权变理论还是提供了一个相当不错的视角,既让我们意识到作为系统的小团体的复杂多变性,也提供了行动的具体指南,有助于更快地找到适合特定情境的领导方式。

四、领导功能论

20世纪60年代兴起的"功能论"是小团体领导理论的另一种视角。与权变论一样,功能论也认可领导能力并非先天特质,可以后天培养。不同的是,它否认领导方式随情境而变,认为存在适用于所有团体领导者的行为通则。在功能论者看来,团体目标的达成有赖于领导者履行某些重要职能。

理解小团体传播过程方面过于简单化的立场使得功能论较少受到研究者的关注。它的另一缺陷在于无法提供一个领导者必须履行的职能的完整清单,既有的职能选项也比较笼统,不易掌握和实践。尽管如此,几乎每一本小团体传播的教材中都能谈及这一理论,因为它为有志于成为领导者的人们提供了最简单、快捷的行动指南。

(1)任务方面的职能。主要包括以下七项职能:寻求信息,向成员提问,要求成员提供事实,澄清信息的模糊之处;提供信息,做小团体中信息准备最充分的人,随时准备查漏补缺;寻求观点,向成员提问,询问观点和意见;提供观点,在其他成员充分表达观点后再提出自己的观点,观点本身应该论据详实,经得起推敲;澄清,要求成员澄清观点的模糊之处;评价,指出成员提供的信息或观点的价值或局限性,对事不对人,避免冒犯到信息、观点的提供者;总结,复述所有被提出的主要观点,提醒成员已经取得的进展和形成的结论。

(2)程序方面的职能。主要包括以下三项职能:设定目标,确定团体的短期目标和长期目标;制定议程,拟定讨论所需的议题清单,确保各项议题得到充分讨论;处理常规细节,选择适宜的时间和场所,通知成员开会的日期、时间、时长、地点,打印会议资料。

（3）关系方面的职能,主要包括以下三项职能:调解,直面扰乱讨论进程的成员,缓解冲突,营造和谐的团体氛围;把关,鼓励所有成员的共同参与,采取直接对成员发问、分配任务或将小团体分组等方式提高成员的参与度,鼓励内向的成员发言;表达感受,适时表达自身情感,营造自由表达情感的氛围。

在功能论者看来,学会并熟练履行以上职能,就能成为不错的领导者。功能论在区分领导行为的好坏的同时,还使我们进一步认识到领导并不必然是某一个体的行为。事实上,领导更适合被看成共同的职能,团体中的任何成员都可以履行领导者的职能。同一团体在不同阶段或不同情境下,可能由不同成员履行领导者的职能。

第三节　领导者的生成

谈论如何领导小团体时有一个隐含的前提,即某位成员已经被委派为小团体的领导者。通常,委派型领导者会被成员自然接受,成为真正的团体领导者。如果委派型领导者得不到成员的认可,或者上级组织没有为小团体委派领导者,问题就来了——谁最有可能成为小团体真正意义上的领导者?

一、领导者生成的过程和机制

缺少委派型领导者的小团体中谁更可能成为领导者,这是小团体传播学界广泛关注的议题。相关研究大多聚焦"无领导小组讨论"中领导者生成的过程和机制。下面先界定什么是无领导小组讨论,然后再介绍有关无领导小组讨论的领导者生成机制的代表性研究。

1. 无领导小组的产生和特点

所谓无领导小组讨论,就是没有指定领导者的小团体在一定时间内就给定的问题展开讨论。这种讨论形式出现在"一战"后,最早被德国军队用于对军官的选拔。"二战"期间,它在多国军队中得到推广,战后又被复员军人应用到企事业单位的招聘中。当前,无领导小组讨论已经成为很多企事业单位尤其是世界五百强企业考核应聘人员的常用方法之一。

发展到今天,无领导小组讨论已经形成三个鲜明的特点:第一,无领导小组并非没有领导行为,而是拥有充分的自治权限,能自主决定自己的目标、规范、地位等级,其决策较少受到权威或外部力量的左右;第二,通常由地位相似的同龄人构成,地位等级较不鲜明;第三,通常不会存在太长时间,代表自然团体形成的最初阶段,最能反映团体过程的自然形态。习惯上,将初次合作的团体被称为"零历史团体"。客观地说,无领导小组讨论并非特殊的团体互动形式,而是任何团体在成长过程中都必经的阶段,是所有团体都拥有的属性。

2.明尼苏达研究

在20世纪70年代的明尼苏达大学,基于对无领导小组讨论的观察,欧内斯特·G.博尔曼领导的研究团队回答了"谁最可能成为团体领导者"的问题。他们详细描述无领导小组讨论中领导者的形成阶段,认为领导者的产生实际上是逐步淘汰的过程。

通常,积极参与团体活动、能说会道的人更容易成为小团体的领导者。比如,小团体中第一个发言的人比较容易成为领导者;此外,发言的数量是最重要的决定因素,发言多的人显示出来的热情和干劲会使其受到成员的关注,成为小团体的领导者;在团体进程的后期,成员开始关注言谈的内容,发言的质量会影响领导者地位。体验过无领导小组讨论,你可能会对上述观点产生疑惑:为什么我全力参与讨论,说很多话,提供很多信息和观点,却依然落选?

博尔曼的研究发现,在无领导小组讨论中,领导者的生成遵循"淘汰法"。将那些无法胜任领导者角色的人淘汰出局的过程包括两个阶段。第一阶段比较短,大约一半的成员被迅速淘汰。其中,参与度低、大多数时候保持沉默的成员最先被淘汰出领导者行列,然后被淘汰的是那些滔滔不绝、发言占据大部分讨论时间却言之无物的成员,极其刻板、固执己见的成员此时也会被迅速淘汰出领导者行列。

第二个阶段的竞争比较激烈,淘汰继续展开,直到剩下一两位竞争者。独断专行、喜欢发号施令的成员和迷糊、犹豫不决的成员被逐渐淘汰出局,那些只关注任务的完成却忽视团体关系或只关心团体氛围的好坏却不注重任务完成情况的成员也会被淘汰。在第二阶段的竞争中,最大限度地帮助团体提高工作效率同时又对社交情感氛围保持敏感的成员最容易成为领导者。

尽管如此,并不是所有的无领导小组最后都能找出领导者。博尔描述说第二阶段可能出现四种情况:第一种,一位竞争者得到某一成员的支持,作为"副手",后者对该竞争者的观点建议表达支持,帮助其最终成为领导者;第二种情况是两位竞争者各获得一名副手的支持,导致无止境的斗争;第三种可能是小团体面临危机,提供最终解决办法、帮助团体安然度过危机的成员很快成为领导者;第四种情况是,尽管经过持续的斗争,还是没有一位竞争者能得到他人的支持,团体一直处于无领导者的状态。

3. 领导者生成假说模型

20世纪80年代,奥布里·B.费希尔提出"领导者生成假说模型",描述想要成为领导者的小团体成员从竞争中脱颖而出的过程。同样,这一模型也将领导者生成过程描述成一个淘汰的过程(图9-2)。

费希尔认为,至少在理论上,所有的团体成员都想成为领导者。通过频繁的发言和提供高质量的信息观点,一些成员的意图迅速为其他成员所了解。在领导生成的第一阶段,一些成员(如E)可能因为各种原因,如个性内向或自觉能力不足,迅速退出领导者的竞争。

相对于第一阶段的迅速淘汰机制,第二阶段持续时间较长,竞争更激烈。部分成员通过争取其他成员的支持,把竞争意愿表达得更明晰,保留在竞争者行列中,如图中的A和C;其他原本参与竞争的成员,如图中的B和D会逐渐退出,成为剩余竞争者的副手。接下来,留下来的竞争者会与他们的副手结成联盟,如A-B联盟,C-D联盟,联盟之间形成竞争的局面,努力争取其他成员的支持,可能出现言语对抗。如果其中一个联盟得到其他成员的支持,特别是那些主动积极地参与团体进程的成员的支持,这个联盟就会迅速胜出。在第二阶段的最后时期,通常,竞争联盟的一方胜出,失败的一方会诉诸冒犯性言语,如生硬的表达或无休止的发言来表达不满情绪。在图9-2中,A-B联盟胜出,C-D联盟退出竞争。

进入第三阶段以后,胜出的联盟会陆续得到更多成员的支持,领导者的地位逐步确立。在图9-2中,A成为唯一的候选人,E可能表达对A的支持,加入A-B联盟。如果E是个参与度很低的成员,其加入无关大局;如果E是个积极参与团体互动的成员,其加入就会从根本上改变整个局面,帮助A成为最终的领导者。此时,C的失利以及其后的冒犯性言语可能引发D的不满,D可能转而支持A,进一步夯实A的领导者地位。

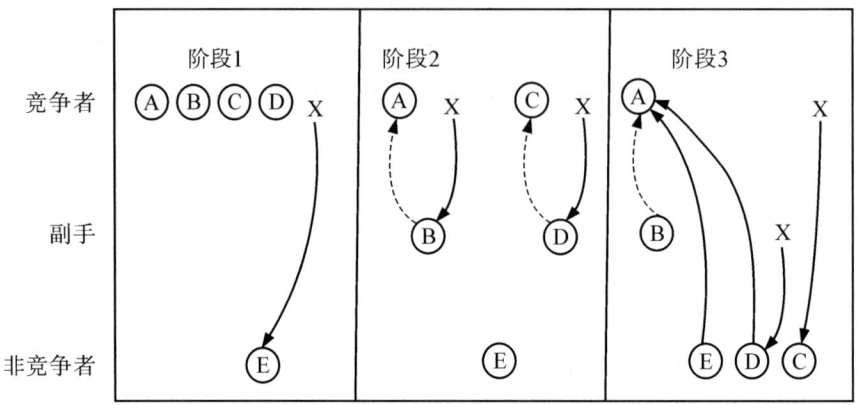

图 9-2　领导者生成假说模型

当然,实际的团体进程并不总是这么井然有序。费希尔指出,这一模型还存在若干"变体":第一种变体对应原模型中的第一和第二阶段,即联盟形成后,两方共同发挥领导者作用,同时成为领导者,共同领导小团体,但这种情况比较少见;第二种变体对应模型中的第一个阶段和第三个阶段,即只有一位成员试图成为领导者,在获得一位副手的支持后,其他成员都跟随这位副手、给予他支持,这位候选人顺利成为团体领导者;第三种变体与原模型的差别在于阶段二和阶段三的反复出现,即经过三个阶段后已经获得领导者地位的成员被罢免,团体重返阶段二,成员展开新一轮的竞争,直至产生新的领导者。在最后一种情况中,参与度低和被罢免领导者地位的成员都很难成为新的领导者。

二、建立领导者合法性的策略

从上文论述可知,领导者的产生并不像功能论预设的那么简单,熟知并履行领导者的固有职责并不能确保领导者地位的获得。多数时候,为了成为领导者,需要面对与其他竞争者的斗争,赢得多数成员的支持,建立起领导者权威。而这一结果有赖于与竞争者及其他成员之间持续的、策略性的沟通。接下来,介绍几种有助于确立领导者地位的合法性的行动策略。

合法性意味着对规范、价值、角色等的正式或非正式的许可。在小团体中,领导者的合法性通常源于外部权威机构对其地位的正式许可和认同。通常,组织会通过正式规定赋予特定角色以合法性地位,后者不以扮演该角色的个体的改变而转移。当团体外部不存在这样的权威机构时，合法性的获得有赖于对某些标志的占有，后者通常代表其他成员对领导者地位合法性的认同。

无领导小组讨论中，经常可以看到合法性标志发挥独特作用的过程。例如，一个小组每次讨论的时候都会录音，录音笔由成员 A 提供。有一次，录音笔无法正常使用。恰好成员 B 也用过这款录音笔，他简单查看了一下，很快找到问题，修好了失灵的录音笔。这件看似不起眼的小事为成员 B 的领导者地位埋下伏笔。从此以后，会议录音都由成员 B 负责。最终，他成为这个小组的领导者。成员 B 的这一经历符合博尔曼提到的领导者生成的第三种情况——由于帮忙团体化解危机而成为领导者。在这一案例中，录音笔无疑构成领导者合法性的标志，拥有录音笔也就意味着拥有其他成员的支持和认同。

再比如，某小组经常召开长桌会议，其中一位成员每次都坐在长桌短边，使用整个会议室唯一一把旋转椅。时间久了以后，即使他晚到，其他成员也会将那个座位留给他。无独有偶，这位每次都坐在短边旋转椅上的成员最终成为这个小组的组长。《小团体中的关系性沟通》一章已经讨论过座位安排的象征意义。椅子所在的位置及其独特功能，使得这把椅子的占有者更有可能被赋予特殊的地位，更容易成为团体的领导者。其他人主动将这个座位留给那位成员的行动表明他已经确立起作为团体领导者的合法性。

领导地位的合法性标志并不一定都是实物，也可以是某一行为。比如，某个小组总是在一位成员的家里召开会议，她每次都为大家提供各种饮料和零食。作为团体会议的"女主人"，这位成员很快成为这个小组的领导者。帮助她获得领导者地位的并不是饮料和零食，而是她负责安排和组织会议这一行为本身。后者为她赢得成员的认可，确立作为领导者的合法性。

无论是实物还是行为，领导者的合法性标志总会和帮助团体达成目标的某个人联系在一起。这些标志的效力源自于成员对那些有助于团体进程的个体的衷心认同，一种相对稳定的、绝对不可能由外部权威机构强加给成员的感受。合法性标志的存在，为观察小团体真正意义上的领导者的生成过程提供了可靠依据。

第十章　小团体的决策过程

广告公司需要从六位候选人当中选择两位参加日本知名广告公司提供的在东京举办的培训活动。培训方要求候选人年龄在 40 岁以下，没有海外培训经历，主要从事广告创意与策划。候选人中两人来自策划部，四人来自市场部。其中，一人年龄超过 40，一人有赴美培训经历。公司经理召集这六位候选人开会，要求他们各自用两句话陈述其参加培训的目的以及公司应该支持的理由。听完每个人的陈述后，公司经理提出，应该支持那些没有去过日本以及正致力于打开日本市场的大客户管理项目组的成员赴日培训。对此，六位候选人都表示赞同。最终，采用口头表态的方式，六位候选人一致同意推荐其中两位候选人赴日培训。现在，问题来了：最终获得推荐的候选人是谁？

在这个案例中，最终获得推荐资格的是年龄超过四十岁的候选人以及有过赴美培训经历的候选人。乍一看到这个结果，你可能会感到惊讶。不妨设想一下，如果你是候选人中的一个，正在经历上述决策过程，你的感受会是怎样？现在，你是不是开始理解这个结果出现的原因了？

中国文化尊崇权威，人们很少在公开场合直接挑战资历较深或地位较高者。公司经理跳过培训方的要求，在候选人表态之前提出新的评估标准，即使不合理，候选人也不敢贸然挑战经理的权威，质疑其决定。更重要的是，中国文化推崇谨言慎行，人们很少公开表明自己的行动目的，直接指出他人的不足。资历较深者通常在组织中占据要害位置，原本不合要求的两位候选人因为新标准获得竞争优势，虽然不公平，其他候选人也不便当面指出这两人的问题，只好表示赞同。这两位候选人的胜出，势必会引起其他候选人的不满，同时也会给培训方留下"这家公司没有适合这个项目的人选"的印象，导致未来指标的减少甚或取消，伤害到公司员工的成长。

从上述案例可知，决策结果受到诸多因素的制约，不佳的决策质量将给团体和组织的维系和发展带来负面影响。接下来的篇幅将围绕小团体的决策过程展开，共包括四方面内容：首先，厘清基本概念，区分"决策"与"问题解决"；

然后,简要介绍小团体决策形成的规定程序;接下来,概述小团体决策形成的实际过程;最后,梳理成功的小团体在传播功能方面的共性。

第一节　决策与问题解决

正式介绍团体决策过程之前,先梳理两个基本概念——"决策"与"问题解决"。界定概念内涵、提炼其要素后,再细致阐述决策与问题解决的关系。

一、界定"决策"

所谓决策,就是从备选项中选出一项或多项的行为。例如,出门前,从几套衣服中选出一套作为今天的装束;每个学期开学的前两周,从教务处系统提供的选修课列表中选择几门登记加课。小团体的决策过程也是如此。例如,小组从"大学生广告艺术大赛"的若干个题目中选择一个作为今年的参赛题目。

1. 决策的要素

任何类型的决策都包含三个要素:现状,即需要做什么样的选择,如交通集团需要决定是否增开新的公交路线;目标,即为了什么做出选择,如增开新的公交路线是为了达到什么样的效果;可能的选项,即需要在什么当中做出选择,如是否增开及增开哪些线路。

2. 决策的步骤

相应地,决策包含以下五个步骤:首先,根据既有的信息评估现状,了解当前需要做出的选择;然后,明确目标;接下来,指明可能的选项;紧接着,评估这些选项的优缺点;最后,从可能的选项中选出最有助于目标达成的那一项或几项。

二、界定"问题解决"

要界定问题解决这一概念,先要明确什么是"问题"。所谓问题,指现状与预期目标之间的差异。问题解决指促成现状向预期目标转变的一系列环节和行为。

1. 问题的要素

任何类型的问题都包含三个要素:令人不满意的现状,如游客在大学校园里游玩时留下大量垃圾;目标或希望的状况,如整洁、干净的大学校园环境;改变的障碍,如游客的素质参差不齐,个体行为难以控制,社会对于校方的限流举措不理解,等等。

2. 问题解决的步骤

问题的解决一般包含以下三个步骤:第一,界定问题,即目前的现状、目标以及改变的障碍是什么?第二,提出可能的解决办法,即克服障碍、促成改变的方法有哪些;第三,从可能的解决办法中找到最理想或最切实可行的一个。

三、"决策"与"问题解决"的关系

关于决策和问题解决的关系,学界迄今为止并无普遍共识。一些研究者倾向于将二者等同,也有一些研究者绝对区分这两个概念。即便是那些强调决策与问题解决在概念上部分重合的研究者,立场也存在分歧——一些研究者认为问题解决的外延大于决策,另一些则持相反的立场。

就小团体而言,相较于前一立场,笔者更认同后者,即决策的外延大于问题解决。理由在于,决策是问题解决的必要环节,任何问题的解决通常都包含多次决策行为,但并非所有的小团队都以问题解决为目标。很多时候,团体成员面临的只是简单的决策,如选择哪个策划案,增加哪些公交线路。从这个意义上说,小团体解决特定问题的过程也是决策过程。下文将用"决策过程"来描述所有以问题解决或仅以备选项筛选为目标的团体过程。

第二节 决策过程的规定性理论

在理解团体的决策过程上,存在三种不同的理论视角,分别是"规定性理论",提供特定的程序和方法来提高团体决策的质量;"描述性理论",描述小团体现实的决策过程;"功能性理论",罗列成功的小团体需要履行的传播功能的清单。这一节主要介绍前一种理论视角,后两种视角将在之后两节中具体展开。

第十章 小团体的决策过程

基于理想的决策过程,规定性理论提出一整套的问题解决程序。下面将要介绍的这套程序,最初灵感来自于约翰·杜威在 20 世纪初提出的"反身性思考模型"。经过当代学者的拓展和完善,这一套程序逐渐形成六个相对固定的步骤:界定问题、分析问题、提出可能的解决办法、确立评估标准、选出最佳的解决办法以及执行最终解决办法。

一、界定问题

决策的第一个阶段,清晰地界定问题。很多时候,团体成员会在对问题认识不清时讨论可能的解决办法,导致决策质量偏低。界定问题的第一步,是将需要解决的问题清晰地表述出来。注意,要尽可能将它表述为一个开放式问题,不要预设问题解决的方向。例如,校园内乱停车的问题日益凸显,你们部门受学校委派解决这一问题。此时,适宜的问题表述方式应该是"我们如何才能减少校园内的乱停车现象"而不是"我们如何才能说服保卫部增加人手,限制校内乱停车的行为"。

另外,在清晰表述问题之后,还需要确认一点,即表述中是否包含术语、行话或抽象词汇。如果答案是肯定的,就必须梳理和界定这些词汇的意涵,在共识的基础上进一步分析问题的性质、程度、原因。否则,整个决策过程都将建立在极不牢固的基础之上,根本无法解决既有问题。例如,小组将需要解决的问题表述为"如何提高学生的政治参与热情",在寻找学生政治参与热情不高的原因和解决办法之前,先要明确"政治参与"的意涵——它指参与人大代表或政协委员的投票,还是为学校涉及学生利益的决策建言献策?对"政治参与"的理解不同,寻获的解决办法的方向自然也会有所差异。

二、分析问题

将待解决的问题清晰表述并明确核心词汇的意涵之后,可以进一步分析该问题。具体包括以下三方面:第一,问题的表现是什么,何时、何地出现,何人涉及其中,严重程度如何?第二,问题出现的原因是什么?第三,问题的影响有哪些?回答这些问题的关键,在于充分收集和评估相关信息。为聚焦事实和数据而非模糊的印象,下面介绍两种方法——"是/否分析表"和"鱼骨图"。

1.是/否分析表

是否分析表共包含五个项目——问题的对象、问题的表现、发现问题的时间、问题发生的地点和受该问题影响的人(表10-1)。分析问题之前,团体成员先分别填写这个表;随后,依次讨论每一个项目,直至达成共识。

表10-1 是否分析表

	是	否
问题的对象	谁是问题的对象?	谁不是问题的对象?
问题的表现	什么是问题的表现?	什么不是问题的表现?
发现问题的时间	发现问题的时间是在……?	发现问题的时间不是在……?
问题发生的地点	问题发生的地点是在……?	问题发生的地点不在……?
受该问题影响的人	谁受该问题影响?	谁不受该问题影响?

设置是否分析表有助于透过现象看本质。例如,高中教务组需要了解为什么最近一次模拟考学生的成绩显著下降。最初的判断是教师的松懈。在填写是否分析表后,教务组注意到,成绩下降的情况只发生在其中两个班级,而这两个班级处于教学楼的同一层。进一步调查之后,教务组发现,位于顶楼的这两间教室的空调在考试时发生故障,室内温度异常高。高温才是影响学生考试成绩下滑的根本原因,与教学质量没有直接关联。

2.鱼骨图

鱼骨图,又称因果图,最早由日本质量管理专家石川馨提出,因填写完成后的形状酷似鱼骨而得名。绘制方法如下:首先,团体成员在纸上画一条长长的横线;然后,用与这条横线相交的斜线标示出可能的原因;最后,运用分析能力,找出导致这些原因的可能因素,标注在与斜线相交的横线上。

以校园乱停车问题为例。导致这个问题的原因包括:第一,校内车辆太多,停车位不足;第二,相关管理部门人手不足,保安、门岗等人员管理能力欠缺;第三,校园规划不合理,停车区和非停车区未清楚标示;第四,部分司机个人素质不高,缺乏公共道德。这四个方面也都有相应的原因。例如,就第一方面来说,原因有二:登记在案的校内车逐年增加;校区面积数十年未扩展(图10-1)。

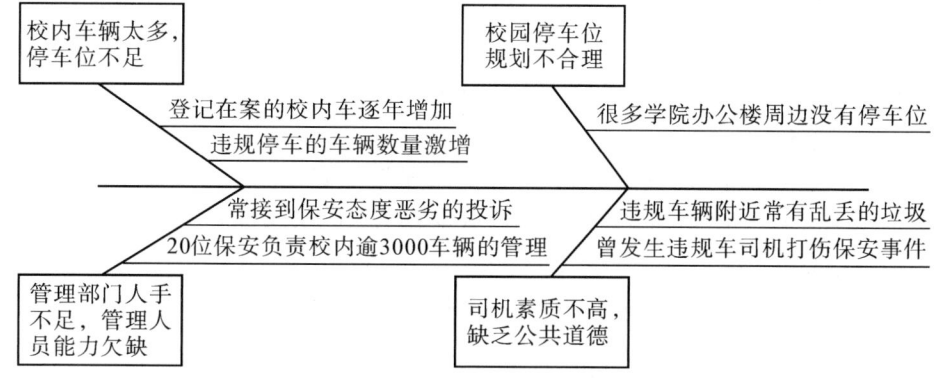

图 10-1　鱼骨图范例

三、提出可能的解决办法

完成对问题的界定和分析之后，构思可能的解决办法。这一阶段的基本目标是尽可能提出备选方案。创造力是达成这一目标的重要基础。下一章将详细讨论增强团体成员创造力的方法。

四、确立评估标准

选出最佳解决办法之前，必须先确立评估解决办法的标准，确定可能的限制因素。这一阶段需要回答以下问题：第一，团体决策的最终形态是什么？第二，什么是最重要的标准，什么是次重要的标准？常见的标准包括能否在预定期限和经费范围内解决问题，决策结果是否达成预期目标，是否具有可操作性，能否为利益相关的团体或个人所接受等。不同情境下，一些标准比另一些更重要。在引言案例中，日本广告公司的标准应该是推荐候选人的首要标准，只有当所有候选人都符合这些标准时，公司经理才有必要制定新的筛选标准，否则就是越俎代庖了。

五、选出最佳的解决办法

现在，可以根据业已确立的标准评估备选方案的优劣，从中选出最佳的解决办法。以下问题有助于完成这一阶段的目标:这个办法的优点是什么？缺点有哪些？它可以解决问题吗？可行吗？符合先前确立的标准吗？在这一阶段,也有一些技巧有助于更好地比较可能的解决办法,比如"T形图"。

1.T形图

这是一个简单的图表,由两列构成,一是"支持的理由",一是"反对的理由"(图10-2)。如果团体人数比较多,可以让成员们先分别填写这个表,然后再汇总意见。

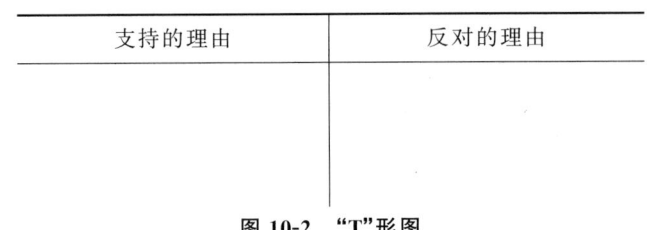

图10-2 "T"形图

2.决策的方法

比较备选项的优劣之后,需要做出最终决定,从中选出最佳的解决办法。常见的达成决策的方法有"多数人决定""少数人决定"和"全体共同决定"三种。

第一种方法是采纳多数人的决定。这是最常采用的方法。优点是决策高效,缺点是会引发少数人的不满。议题不太重要,必须快速决策,不需要过于考虑成员对最终决定的接受程度时,可以采用这一方法来。

第二种方法是采纳少数人的决定。如由团体领导者、团体内具有专业能力的成员或强势的成员做决定。团体成员不能或者不愿意做决定时,也可以由团体外的专家或权威人物代为裁决。毫无疑问,采用这样的方法形成的决策在执行过程中可能遭遇广泛的抵制。

第三种方法是全体共同决定。这一方法建立在合意的基础之上,由此形成的决策通常质量更佳。然而,要形成合意并不容易,尤其是当团体的决策时间有限或者规模较大时,合意很难形成。

3.决策的结果

决策最终形成的标志,是合意的达成。所谓合意,指团体成员接受最终的解决办法、愿意据之行事的状态。一方面,同意不等于合意,一致同意并不必然意味着合意的达成。如果同意该决定的人迫于团体压力表示赞同,并未真正接受该决定的话,合意就未能达成。另一方面,不同意也可以达成合意。在多数同意的情况下,少数成员可能并不同意最终的解决办法,但出于对团体的忠诚和责任感,他们愿意接受该决定,为决策的执行贡献自己的力量,这仍然意味着合意的达成。

六、执行最终解决办法

得出最终解决办法之后,接下来要思考的问题是如何执行这一决策。如果决策需要付诸实践,就必须明确以下问题:谁?在什么时间?做些什么?怎样监控其效果?明确决策执行的目标和需要完成的事项及其先后顺序、花费时长、分工情况后,可以开始制作"流程图"。这一图表有助于落实最终的解决办法(图10-3)。

任务	合作确认	风格确认	设计制作	交付审核	修改方案	付清余款	交付源稿
日期	3月14日(星期一)	3月16日(星期三)	3月30日(星期三)	4月4日(星期一)	4月11日(星期一)	4月15日(星期五)	4月18日(星期一)
李峰	✓	✓			✓		
张裕		✓			✓		
吴曦			✓		✓		
纪一韦			✓				✓
徐程程				✓	✓	✓	✓

图10-3 流程图范例

当然,如果团体只需要提供方案或报告,要考虑的就是如何撰写和呈现最终的方案或报告。有关简报的技巧问题,将在附录具体涉及。

第三节 决策过程的描述性理论

规定性理论提供了一套理想的问题解决程序——它假设团体成员基于理性的判断推进问题的解决。简单回顾参与过的决策过程就会发现,很多时候,推进问题解决的是激情而非理性。规定性理论告诉我们在决策过程中"应该怎么做",遵照这一程序来解决问题固然可以帮助团体成员聚焦共同议题、形成有效决策,但最终的决定通常缺乏想象力和创造力。

与规定性理论不同,描述性理论致力于描摹决策过程的现实图景。该理论认为,高效、成功的小团体中存在一个自然的决策过程——成员通过持续的互动达成共识,形成最终决定。关于这一过程的具体形态,描述性理论建构者的看法不尽相同。下文将着重介绍其中最具代表性的三种——决策生成模型、螺旋模型和多序列模型。

一、决策生成模型

20世纪70年代,基于对问题解决程序的理性逻辑的批评和反思,奥布里·B.费希尔以企业和教会的决策团体为对象,在实验室和自然环境下对实际的决策过程展开研究,提出"决策生成模型"。这一模型受罗伯特·F.贝尔斯的"平衡模型"和欧内斯特·G.博尔曼的"角色生成理论"的影响。正式介绍费希尔的决策生成模型之前,先简单了解平衡模式和角色生成理论的基本观点。

1.平衡模式

贝尔斯为对小团体传播理论的发展做出过卓越贡献,他在两个方面启发了费希尔:一是有关团体过程维度的观念;一是团体发展阶段理论。

1950年,贝尔斯最先提出"互动过程分析",用来编码小团体的传播活动。运用这一工具,贝尔斯将小团体传播行为分为"社会情感"行为和"任务"行为两类。贝尔斯认为,这两类行为之间是动态平衡的关系:致力于完成任务时,团体成员用于建立和维系人际关系的时间和精力会相应减少;同样,当他们尝试加强成员之间的人际联系时,任务的完成进度会受到影响。小团体传播就是在这两类行为之间达成动态平衡的过程。

贝尔斯还指出,小团体维持动态平衡的过程可以分为三个连续的阶段:定位阶段——成员达成对问题的共同认识;评价阶段——确立评价问题解决办法的共同标准;控制阶段——完成任务的过程中展开地位方面的斗争。由于每一个阶段都同时存在两类传播行为,整个团体过程因此可以观察到六种类型的传播行为。

2.角色生成理论

在角色生成理论中,博尔曼提出"团体张力"这一概念,以此解释小团体传播过程中社会情感维度和任务维度相互作用的机制。

基于对零历史团体长达十年的研究,博尔曼指出,团体过程中存在两种形态的张力:一是"首要张力",即团体成员刚开始接触时的紧张状态,表现为极度礼貌、拘谨、交谈时的沉默等;一是"次要张力",即合作一段时间后,因为观点的分歧或权力地位的争斗而导致的紧张状态,表现为暴怒、语带讥讽、充满敌意的对话、激烈的争吵等。

博尔曼的研究并未发现社会情感维度的线性发展轨迹。相反,他发现,团体成员每次碰面时都会产生首要张力,合作过程中还会间歇性地、不规律地产生次要张力;成功的小团体都能良好管理张力;在几乎所有被观察的小团体中,当领导者角色最终确定时,次要张力导致的比较严重的后果会随之消失。

3.决策生成模型

费希尔将团体决策过程分为定位、冲突、生成和巩固四个阶段,每一阶段分别对应不同的互动模式。

第一阶段是寻找方向的阶段。团体成员尝试"破冰",确立合作的共同基础。定位阶段的成员试图了解彼此,试探性地推进任务进度。由于缺乏明确的角色期望和规范,成员尚不清楚自己在团体中的位置,首要张力在这一阶段表现得尤其明显。即使在成功的小团体中,成员最初碰面时也会沉默或极度礼貌,连笑容都带着尴尬。与其他小团体不同的是,成功的小团体通常能消除首要张力,催生信任感和凝聚力。定位阶段的另一特点,是团体成员推进任务时的试探性的、小心谨慎的行为表现。由于尚不清楚完成任务的方式,团体成员会谨慎地表明自身观点,含糊地表达对他人提议的态度,经常表达对他人观点的赞同。

第二阶段是争论产生的阶段。团体成员逐渐认清自我定位和团体努力的方向,开始展开团体地位方面的争斗,巩固自身立场,尝试改变他人观点。在这一阶段,次要张力占据主要。两个或更多成员竞争领导者地位,明确表达自身观点以及对他人观点的态度,力争得到其他成员的支持,形成"联盟"对峙的局面。

第三阶段是决策生成的阶段。它与前一阶段的主要差异在于任务维度。在这一阶段,一方从地位争斗中胜出,正式扮演领导者角色,支持者的声音增强;另一方得到的支持逐渐减少,同盟开始解体,声音逐渐减弱,转而采用含糊的表述,如"我还是觉得提案 B 更好,但我们可以把它留到下次再用,它更适合那些已经具有品牌意识的企业"。随着含糊表述的增加,小团体开始达成合意。必须指出的是,只有成功的小团体才会顺利进入第四阶段,那些还未分析问题就提解决办法的小团体经常会在第二、三阶段之间来来回回,多次面临次要张力的挑战。

第四阶段是合意形成的阶段。在这一阶段,无论是首要张力还是次要张力都不再是困扰团体成员的主要因素。成员继续提供证据和理论来支持团体的最终决定,鲜少有人明确表示反对或诉诸模糊表述。成员表达为决策而努力的共同意愿,表现出团结的精神。在这一阶段,你会听到诸如此类的话语:"我之前的想法是基于现实的考虑,现在你们完全说服我了!"

与之前介绍的问题解决程序一样,决策生成模型也是典型的线性模型。二者都认为团体决策的形成遵循特定的流程,小团体只有在一个问题讨论完成之后才会进入对另一问题的讨论。实际的团体决策过程并非这样秩序井然。接下来介绍的两种模型从根本上打破了决策的线性结构。

二、决策的螺旋模型

20世纪60年代,传播学者托马斯·沙伊德尔和劳拉·克罗韦尔提出"螺旋模型"。与决策生成模型不同,螺旋模型主要聚焦团体过程的任务维度,细致描述观点发展的过程。依据这一模型,小团体会经历螺旋型、累积性的观点发展过程。

1. 螺旋型

团体讨论中,成员会在新观点提出后评价和检验这一观点。当它(观点A)获得正面反馈,得到其他成员的认可时,"锚定点"产生,接下来的讨论就会从这一点出发,继续提出新观点(观点B)以供检验;如果获得负面反馈,团体讨论会回到前一个锚定点,成员会搜集更多信息,对观点(观点A)进行修正,然后检验修正后的观点(观点C),直到它赢得成员的支持,产生新的锚定点。观点的发展就是如此周而复始,呈现出螺旋型的样态。

2. 累积性

每一个锚定点的产生都建立在对既有观点的检验的基础之上。随着背景信息越来越丰富,团体成员对问题的了解越来越深刻,重返前一个锚定点的次数会越来越少。最终,团体达成合意,产生最后一个锚定点。

螺旋模型可以解释为何团体决策通常比较费时但质量比较高。和决策生成模型一样,螺旋模型也是单一过程模型,即认为团体决策都遵循一种互动模式。这一局限在多序列模型中得到修正。

三、决策的多序列模型

20世纪80年代,传播学者马歇尔·S.普尔提出"多序列模型",强调团体决策的非线性、多过程的特征。

在普尔看来,团体常常同时开展多重活动,呈现为"多序列"的形态。团体互动过程中存在三类"活动轨迹"——任务过程活动、关系活动和话题焦点。其中,任务过程活动指帮助团体完成任务的活动,如分析问题、确立标准、评估可能的解决办法;关系活动指管理成员关系、维系团体氛围的活动,如聚焦任务、管理冲突、整合团体、讨论成员关系。话题焦点指团体在特定时间讨论特定议题的活动。

使用这三类轨迹描述团体决策过程时,前两类轨迹展示团体决策的形式,第三类轨迹展示团体决策的内容。例如,学生讨论图书馆盗窃的严重程度,就任务过程活动来说,他们正在"分析问题",从关系活动来说,他们正在"聚焦任务,拓展既有观点",从话题焦点来说,他们正在讨论"图书馆盗窃的严重程度"。

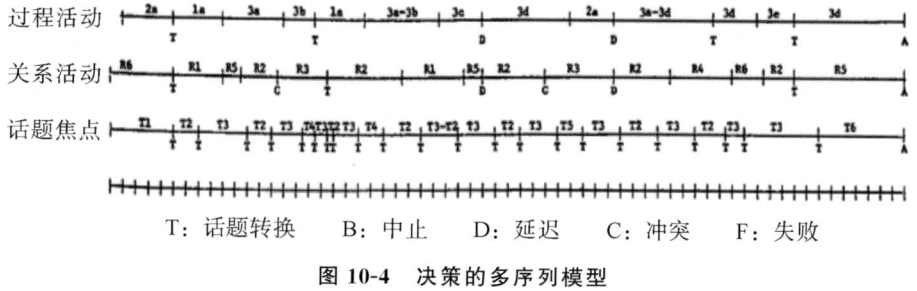

T:话题转换　B:中止　D:延迟　C:冲突　F:失败

图10-4　决策的多序列模型

必须指出的是,以上三条轨迹可能随时间的推进而同步或不同步地发生改变(图10-4)。例如,还是讨论"图书馆盗窃的严重程度",成员可能存在不同意见,展开激烈争论,关系活动因此转变为"管理冲突"。当其中一条或多条轨迹发生改变时,意味着"断点"的出现。常见的断点包括话题转换、团体活动中止、延迟、激烈冲突,既有策略或解决办法的失败等。断点是辨识团体活动序列的重要依据,它的出现使得不同团体的决策过程呈现出不同的面貌。采用上述三条轨迹观察和分析小团体传播过程,可以准确、灵活地描述不同团体在形成决策时的现实互动模式,发掘那些影响其决策质量的关键性事件和活动,达成对团体决策机制的系统、深入的理解。

第四节　决策过程的功能性理论

本节介绍团体决策过程的第三种理论视角——功能性理论。该理论融合了规定性理论和描述性理论的要素,从现实的小团体传播活动中提炼传播功能的清单,指导小团体未来的传播活动,帮助小团体找到最佳的解决办法,做出更高质量的决策。以下是有助于团体成员提高决策效力的四种传播功能。

一、分析功能

成功的小团体都能有效地分析信息和观点。为了达成这一目标,需要注意以下五件事:第一,建立清晰的标准,在分析问题时做到目标明确;第二,从多种角度看待问题,不仅关注问题对自身的影响,还关注它对别人的影响,尝试从他人的角度思考问题;第三,搜集信息和研究结论,透过一手资料和对他人研究的了解来拓展和修正自身观点;第四,使用论据来支持自己的观点;第五,适当地提问,通过"我们到什么阶段了""要解决这个问题,接下来要怎么做""我们是不是偏题了"等问题帮助团体讨论聚焦。

二、观点提出功能

成功的小团体还具有较强的创造力,能够从尽可能多的观点中去芜存菁,形成最终决策。观点提出功能表现在以下三个方面:第一,寻求解决办法时搜寻尽可能多的备选项;第二,高质量的发言,包括聚焦当下正在讨论的话题,分享有论据支持的观点,表达对其他成员观点的赞同;第三,成员分歧较多,创造力处于低谷时,适时暂停讨论,放松自我,待灵感回归时再重启讨论。

三、评价功能

成功的小团体能甄别观点的优劣。这要求成员致力于以下三方面的活动:第一,评估他人观点、建议的可信度之后再决定是否要接受这一观点或建议;第二,评估备选项的优缺点之前先检查它们是否符合已有标准,如花费是否在预算之内,是否能按时完成;第三,做出最终决策之前细致分析备选项的优缺点。

四、个人敏感性功能

成功的小团体的成员具有他人导向,富有同理心,对他人需求敏感,考虑周详。这些特点表现在以下活动中:第一,关心团体任务的进度和他人的感受,在帮助团体达成目标的同时努力营造积极的团体氛围;第二,愿意倾听他人的观点,哪怕这些观点只得到团体中少数人的支持。

第十一章　小团体的创造力

近年来,救人者被救助对象本人或家属反咬为肇事者并被索赔的现象屡见不鲜,激愤的人们将之解读为社会道德整体滑坡的信号,主张重奖救助人,严惩诬陷者。也有人主张安装更多高清摄像头,让诬陷行为无所遁形。还有人认为,只有普遍提高个体的意识觉悟和道德素养才能从根本上消除上述现象。这些对策看似合理,可行性却并不高。首先,法律的公正有赖于客观的量刑标准,严刑重罚从根本上背离依法治国的理念;另外,百密一疏,摄像头再多、再高清也有覆盖不到的地方,单靠科技来解决社会问题并不现实;最后,要改变一个人固有的态度、信念并非易事,寄望通过各种宣传活动来提高人们的道德素养不仅难度大、周期长,成效也比较低。

2013年6月28日,深圳市第五届人大常委会第二十三次会议通过《深圳经济特区救助人权益保护规定》。根据这一法规,被救助人主张其损害由救助人造成,应依法承担举证责任。换句话说,救助人再无自证清白的义务。2015年11月4日,杭州也通过类似的法规。虽然此类法规也招致批评——现有法律制度已足以对救助人实施保护,再出新规无异于画蛇添足;举证责任的划分应该严格限制在国家法律的范畴以及司法解释之中,地方性法规不应过度干预司法制度——不可否认的是,与其他对策相比,这一法规的出台的确有助于营造一个"放心"救人的社会氛围,是一种更具创造性的问题解决办法。

前面的章节反复强调理性,如批判性思维在问题解决和决策过程中的重要性。本章将聚焦团体创造力的基本原理,详细解答在团体进程中增强创造力这一问题:首先,对创造力进行界定,解释团体创造力的基础;然后,列举妨碍团体创造力的因素;接下来,介绍营造创造性团体氛围的策略;最后,简要陈述在决策过程中激发团体创造力的方法。

第一节 理解创造力

介绍提高团体创造力的策略和方法之前,先解答三个基本的问题:什么是创造力?什么是团体创造力?在小团体中,创造力的基础何在?

一、界定创造力

创造力可以被定义为"新观点的产生、应用、组合以及扩展"。根据这一定义,创造力包括两个层面:一是提出新观点,一是将新观点付诸实践、发明新事物。有些研究者会把这两个层面区分开来,将前者定义为创造力,将后者定义为创新力。实际上,这两个层面密切相关,难以分割和区隔。新观点和新事物都是之前不存在的东西,它们的提出完全可以归入同一过程。

二、小团体的创造力

尽管小团体也能够创造出新事物,但发明有形的、实实在在的新事物并不是本书关注的重点,形成新策略、新原则以及解决问题的新方法才是焦点所在。在小团体中,创造力集中体现为团体成员在互动过程中跳脱既有的思维和行动框架、提出新观点的能力。

为了获得创造力,团体成员需要跳脱双重框架的限制。首先,跳脱个体认知框架的限制。所谓认知框架,指大脑在感知外部刺激时的模式,它决定了理解和应对刺激的方式。通俗地说,认知框架是一种惯性思维。由于这种思维的存在,人们常常会对事物的隐藏属性、语境、差异、因果关系等习焉不察,对事物抱有片面、浅表或绝对化的看法。例如,你能不能在铅笔全程不离开纸面的前提下将图 11-1 的九个点用四条直线连接起来?如果一时找不到办法,说明你的思维已经被这九个点构成的正方形的边界限制住了。在惯性思维之外思考问题,是团体成员获得创造力的第一步。

接下来,需要跳脱社会框架的限制。社会框架指个体成长过程中学习并内化的社会规范,它限制了个体对人、事、物的预期和行动。例如,小时候用筷

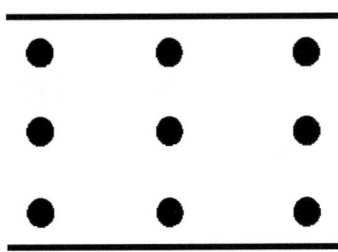

图 11-1 "九点"图

子敲打桌子或打闹嬉戏,会招致父母或家中其他长辈的呵责和制止。久而久之,只要看到筷子,你就会将它归类为吃饭的工具,很少想到它也可以用作舞蹈道具和乐器,用于为盆栽造型,用于制作风筝和其他模型。除了影响对事物秩序的判断外,社会规范还会制约个体的交往行为。例如,从小被父母教导做人要诚实、礼貌,不要伤害别人的脸面,不要标新立异、哗众取众,严格遵循这些行为规范的话,新观点就不可能产生——在小团体中,创新通常意味着越轨,意味着对多数人观点的挑战,过于照顾其他成员的感受,害怕因为与众不同显得另类、莽撞甚至是愚蠢,抑或是担心因为错误的选择拖累团体进度,新观点就不可能被提出和分享。团体成员跳脱社会规范的束缚,用"不寻常"的观点来理解事物,不怕越轨,敢于试错,是获得团体创造力的关键一步。

三、关于创造力的"迷思"

尽管已经了解什么是团体创造力,你还是会困惑——创造力可以人为增强吗?下面将列举三种常见的关于创造力的迷思,对这些误解和谬见的逐一修正,应该可以帮助你解除困惑。

1.创造力是一个神秘的过程

很多人认为,创造力是一个神秘的过程。对此,我们并不否认。迄今为止,对于人类大脑的工作原理,不管是生理还是心理层面,我们都知之甚少。尽管如此,既有研究表明,可以通过学习获得创造力。换言之,创造性过程难以被全面、完整、科学地剖析和解释,但创造力可以习得。

2.创造力来无影去无踪

生活中常听到这样的说法:"我突然就有了灵感。"很多人认为,创造力说来就来,说走就走,不受主观意识的控制。不可否认,随机的、偶然性的因素可以带来灵感,激发创造力,但这并不意味着创造力本身是随机、偶然的过程。既有研究已经证明,借助一些策略和方法,可以增强团体创造力。换句话说,创造力可以源自于对策略和方法的有意识的使用,可以被理性地控制和激发。

3. 少数有天赋的人才具有创造力

如果你认为创造力是一个神秘的过程,难以被控制,那你也会接受"创造力是少数人具备的天赋"这一说法。生活中,我们会较多地关注具有特殊创造力的人。例如,家庭成员中的某一位在绘画、音乐或者戏剧上非常有天赋,你会认为这个人是家庭中唯一具有创造力的人。不可否认,一些人天生具有艺术创造力或者具备想出许多创造性点子的特殊才能,但这并不意味着其他大多数人就不具有创造力。不要轻易地给自己贴上"缺少创造力"的标签,它会影响你对自身能力的预期,制约你的行为,进而强化既有的预期,使你陷入自我否定—证实—进一步自我否定的恶性循环。

4. 小　结

创造力可以被习得和理性地激发,每一个人都可以通过后天的学习来增强创造力,这些论断构成讨论团体创造力的基础。后面的章节将分三个层次来探讨团体创造力问题——妨碍团体创造力的因素、营造创造性团体氛围的策略和激发团体创造力的方法。了解这些因素,学习相应的策略和方法并在小团体传播过程中付诸实践,可以帮助小团体跳脱既有的认知和社会框架,形成新观点,增强创造力。

第二节　阻碍团体创造力的因素

人人都具有创造力,但这并不意味着创造力会凭空出现、自然迸发。有一些因素会妨碍团体创造力的发挥:一是外部因素,包括小团体所处的物理环境和受到的时间限制;一是内在因素,包括团体规模和回应他人观点的方式。

一、糟糕的物理环境

物理环境作用于感觉和情绪,进而影响行为。作为互动行为的一种,创造性行为同样受物理环境的影响。在又脏又破、光线昏暗的地方或者潮湿闷热、蚊叮虫咬的地方开会,想让成员们发挥创造力,不说完全不可能,至少会非常困难。《小团体中的关系性沟通》一章曾提到,安静、光线明亮、宽敞、冷色调的场地有利于任务的推进。想要增强团体成员的创造力,不妨选择这一类型的场地开展讨论。

二、时间的局限性

创造力的发挥需要时间,没有充裕的思考时间,小团体的创造力会打折扣。不过,时间紧迫也可能促使团体成员更快地进入角色,展开讨论,获得新观点。初次面临时间紧迫的任务时,团体成员会立即进入高速运转的状态,思维活跃,产生大量观点、建议和意见,但可能缺乏创意;再次接到类似时限的任务时,创造力会提高很多。也许是团体成员在之前的实践中学会了如何在时间紧迫的情况下保持创造力。总体而言,创造性导向的任务需要相对宽裕的时间。如果期待获得高质量的决策,最好能给予团体成员足够充裕的讨论时间。

三、人员数量过多

虽然研究者对于小团体的人数上限并无定论,但一般认为,超过15人就算是较大规模的小团体。在这样的团体中,成员均衡表达意见或观点的可能性不大,活跃成员通常占据大部分的发言时间,性格内向或有沟通恐惧的成员会变得更加沉默寡言。对于后者来说,表达意见的机会尚且有限,提出和分享创造性观点的可能性就更低了。请注意,这并不是说超过15人的小团体就提不出创造性观点,而是强调较大的团体规模会限制创造性观点的数量与质量。为了更好地发挥成员的创造力,条件允许时,可以适当控制团体规模,以保障发言的均衡性,为新观点的提出和分享创造条件。

四、草率、仓促地评价观点

小团体传播是一个互动的过程。团体决策的推进有赖于成员之间的相互回应,尤其是对他人观点、意见和建议的评价。决策过程中,草率、仓促地评价他人观点也会阻碍团体的创造力。成员第一次发表个人观点时,他人未能给予回应或不假思索地给予消极评价,不仅会挫伤该成员发言的积极性,还会潜在地降低其他成员贡献观点的可能。尤其是在寻找潜在的问题解决办法或备选方案的阶段,成员积极考虑各种可能性的过程中,灰心沮丧的话语会直接打击团体士气,影响团体创造力的发挥。"我们不能这样做""我们以前从来没有这样做过""我们几年前这样做过,但是最后失败了""他们不会让我们这样做的",这类话会使正在进行的创造性对话戛然而止。此时,更好的做法是将团体成员提出的每一个观点、意见和建议都统一整理出来,然后做出最终的决定。很多时候,最佳决策是最出乎意料、最后才被想到的那一个。

第三节　营造创造性团体氛围的策略

控制所有可能妨碍团体创造力的因素后,接下来要做的,是努力营造有利于成员发挥创造力的团体氛围。

一、充分界定和分析问题

《小团体的决策过程》一章曾提到,如果对于问题认识不清——尚不确定已知的信息有哪些,还需要收集哪些信息——就立刻寻找解决问题的办法,团体不太可能获得最佳决策。在尝试寻找创造性的问题解决办法之前,先要明确问题的性质、程度、原因和影响。为此,需要查找相关的信息、数据、证据等,对这些资料进行分析。在此基础上寻找解决问题的创造性办法,才能水到渠成,事半功倍。

二、营造自由表达的氛围

寻找创造性的问题解决办法的过程中,想让成员最大限度地发挥创造力,就要为他们提供自由发表观点和意见的团体氛围——即使提出带有个人喜好或偏见的意见也不用担心会招来其他成员的嘲弄、批评和排挤。可以考虑借鉴企业增强员工创造力的经验——给员工一些玩具,比如橡皮泥、遥控飞机、积木,鼓励员工随心所欲地摆弄这些玩具,在愉快玩耍的过程中表达观点和意见。团体讨论陷入困局,想不到好点子时,不妨停下来,让成员花几分钟去散个步、吃点东西,做些有趣的事情。这些活动有助于成员打开创意的匣子,获得新的灵感。

三、听取少数派的意见和观点

较之成员背景比较单一的小团体,具有文化多样性的小团体往往能提出更有创意的问题解决办法。团体中不仅有文化上的少数派,还有观点上的少数派。后者常常能帮助小团体站在全新的角度看待和思考问题。为了寻求"意见一致"而迫使成员支持多数人赞同的观点,也就将创造性想法拒之门外了。学会倾听少数派的观点和意见,有助于营造自由表达的团体氛围,为创意的迸发创造条件。

四、鼓励成员用不同角度看待自身

很多时候,成员背景并不是自由选择的结果。如果成员恰好拥有相似背景,如何营造创造性的团体氛围、获得新观点?方法之一,是赋予自己全新的角色,用不同的视角看待问题。比如,要解决大学学费急剧上涨或校园车辆乱停乱放的问题,不妨把自己放在大学校长而非学生的位置上来思考问题。假如我是校长,我会怎样看待这些问题,希望这些问题如何解决,可以承受怎样的代价,期待达到什么样的效果?团体决策出现异议时,同样可以把自己放在异见者的角度来思考问题:我为什么这样主张,我的主张的价值何在?

第四节　激发团体创造力的方法

在决策过程中,有很多方法可以促进新观点的产生。以下将介绍其中三种代表性方法——头脑风暴、名义团体和德尔斐技术。

一、头脑风暴

"头脑风暴"是一种激发创造性的方法,有助于小团体获得有新意的想法。广告人亚历克斯·奥斯本在《想象力的应用》一书中最早谈及这一方法。奥斯本认为,对观点的评价,尤其是批评,会制约创造性观点的提出,广告人需要一种不对观点做评价,只注重观点的想象力和创造力的方法。他找到头脑风暴这一方法,旨在帮助其员工增强营销方面的创造力。如今,商界和政府部门经常使用这一方法来提高决策质量。

为了获取尽可能多的创造性的观点,头脑风暴的过程必须遵循以下四项原则:第一,以观点数量而非质量为目标;第二,不允许评价尤其是批评他人观点;第三,鼓励天马行空的观点的提出;第四,鼓励成员在整合他人观点的基础上提出新观点。

在小团体中,头脑风暴常常用于寻找解决问题的可能办法。实际上,这一方法可用于团体决策的各个阶段,用来完成不同的任务。比如,可以采用头脑风暴的方法来回答下面这些问题:为了解决这一问题,还需要获取哪些信息,应该从什么渠道获取这些信息,在选取最佳解决办法的过程中,应该遵循哪些标准,采取什么样的方式来执行业已达成的决策?

1.传统形式的头脑风暴

传统形式的头脑风暴采取面对面沟通的方式,成员口头说明想法,通过倾听和相互启发获得高质量、创造性的观点。它包含以下七个基本步骤:

(1)明确将要解决的问题,确保所有成员都准确理解这一问题。

(2)明确时间限制,限制讨论的时长。

(3)提示团体成员将判断搁置一边,抱着开放的态度,不评价他人观点。

(4)鼓励团体成员提出并分享个人观点。

(5)鼓励团体成员拓展、延伸他人观点,在修正他人观点的基础上获得新观点。

(6)将团体成员提出的观点一一记录在黑板、活动挂图或连接投影仪的电脑上,确保每一位成员都能清晰看到所有观点。

(7)到了预定时限后,鼓励成员将全部观点去重、解释、排序并评价。

头脑风暴的过程中,对任何观点都不做评断;脑力激荡过程结束后,才启动批判性思维,对比较和筛选观点。观点形成和观点评价之间的严格区分,构成头脑风暴的鲜明特色。在这一方法的提出者和倡导者看来,不评价是从头脑风暴中获得尽可能多的观点的必要前提;只要能从激荡出的想法中筛选出少量有创意、高质量的观点,头脑风暴就成功了。

2. 虚拟头脑风暴

20世纪90年代以来,随着信息通信技术的发展和普及,虚拟头脑风暴得到广泛应用。成员在电脑键盘上敲击出想法,通过网络将这些想法展现给其他成员。较之传统的头脑风暴,虚拟头脑风暴具有四项特征:首先,对物理条件的要求比较低,允许团体成员集中在同一间房间里使用电脑进行沟通,也允许成员待在各自的家或办公室里分享观点;其次,团体成员分享自己的观点之前先独自写下自己的想法,这一机制与下文要介绍的名义团体比较接近;再次,多数情况下,成员采用匿名的方式提供观点;最后,从头至尾,成员的个人观点都以文字形态呈现。

较之传统的头脑风暴,虚拟头脑风暴能帮助小团体获得更多创造性观点。关于这一结论的可能解释是,在虚拟头脑风暴中,一方面,成员采用匿名的方式提供观点,没人知道观点的贡献者是谁,观点本身的质量是评价过程的唯一标准。成员既不用担心因为天马行空的想法被批评,也无需顾虑因为人际关系或地位的原因观点受到冷落。另一方面,个人观点以文字形态呈现,便于成员从他人观点中寻找灵感,相互启发。

尽管如此,虚拟头脑风暴也有明显的劣势——需要电脑、网络等软硬件的支持,电量不足、设备故障等问题都会影响虚拟头脑风暴的效果。此外,虚拟头脑风暴还受到成员们的技术操作能力和书写能力的影响。在软硬件条件和成员相关能力不成熟的情况下,较之虚拟头脑风暴,传统形式的头脑风暴是更明智的选择。

二、名义团体

所谓名义团体,顾名思义,就是实际上不具有团体性质的团体。和头脑风暴一样,通过遵循特定的程序,名义团体也能推动观点的形成,提高团体决策的质量。

1. 名义团体操作步骤

在解释这一方法为什么被称为"名义团体"之前,先了解它的基本步骤:

(1)清楚简洁地阐明将要解决的问题,确保所有成员都准确理解该问题。

（2）团体成员展开独立思考，彼此不交流，各自列出自己的想法，整个时长5～15分钟。

（3）团体成员依次汇报自己的观点，每人每次只分享一个观点，听完其他人的分享后，再提出另一观点，直至所有观点被分享完毕。过程中，所有观点都被记录在黑板、活动挂图或连接投影仪的电脑上，确保所有人都能清楚看到。整个观点分享过程中，成员不能打断、要求解释或评价他人观点。

（4）所有观点都分享完毕后，成员开始讨论记录下来的观点。每次讨论一个观点，依次推进，直至所有观点被讨论完毕。讨论过程以准确理解所获观点为目标，成员可以要求他人澄清观点，但不能对观点进行评价。

（5）讨论完毕后，给每位成员一张卡片，让成员对所有观点进行排序。如果观点太多，成员可以选出自己最心仪的五个观点。个人排序完毕后，团体对排序结果进行统计并记录下来，确保所有人都能清楚看到排序结果。

（6）完成所有步骤，获得比较理想的结果后，全体成员可以就最终选出的观点展开讨论。此时的讨论允许成员评价观点、解释观点或表达异议，充分地运用批判性思维，对每一个观点展开分析、评估，直至达成共识。

（7）如果第一轮排名的结果太分散或有成员对结果感到不满意，可以对全部观点再次进行排序、讨论，直至形成共识。

从以上程序可知，不同于传统形式的头脑风暴，名义团体要求成员先把自己的想法写下来，然后再与其他成员分享。在新观点的形成过程中，成员彼此之间不交流，各自作为独立的个体贡献观点。小团体的核心机制，即成员之间的相互影响，在名义团体中被暂时取消，这也是它名字的由来——在名义团体中，有一些不那么具有团体性的环节。不过，在所有新观点都提出之后，名义团体会回归讨论环节，鼓励成员透过持续的互动理解彼此观点。接下来，成员再次展开个人思考，选出最佳观点。然后，再次展开团体交流，评价筛选出来的观点，促成共识。如果决策结果不能令人满意，团体将再次进入个人排序和观点评价阶段，直至形成合意。个人思考与团体互动的交替进行，构成名义团体的鲜明特色。

2. 名义团体的优缺点

名义团体的优势，是可以获取更高质量的观点。在传统形式的头脑风暴中，成员想到什么就脱口而出，绝大多数的观点并未经过深入细致的思考。在名义团体中，成员在提出观点之前会平静、细致地展开思考，想法会更谨慎、全面或更可行。此外，我们对待个人任务的态度往往比对待团体任务更认真。

名义团体让成员先独自工作，调动个体的主动性、积极性和创造性，然后再让他们聚在一起讨论，发挥团体的优势，弥补个人观点的局限，产出更多高质量的观点。

名义团体的另一优势，在于改善团体发言不平衡的局面，调动个体成员，尤其是平常较少发言的成员的积极性。较之口头表达观点，写下自身观点的方式能减少群体压力的影响。在传统形式的头脑风暴中，如果观点被取笑，发言者接下来可能变得畏首畏尾。即便不给予口头评价，谁又能保证每一位成员都能管理好自己的非言语？如果在说出一些"出格"的观点时，看到有人皱眉或抿嘴笑，发言者会做何感想？接下来的发言还会跟着感觉走，想到什么说什么吗？在名义团体中，自觉或不自觉的观点评价行为被有效抑制，成员更能表达自己的真实想法而不必担心收到负面反馈。更重要的是，对于平常很少发言的成员来说，书写观点的形式能在一定程度上舒缓焦虑情绪，激发表达欲。试想一下，如果你是一个在口头表达过程中容易紧张的人，写下自身想法的方式会不会让你安心很多？

和头脑风暴一样，名义团体也可以用于决策的各个阶段。例如，可以让成员在分析问题时使用名义团体的方法来寻找问题的原因及表现，或者在决策达成以后用它来帮助制定最终决议的执行方案。名义团体的方法还特别适用于成员间彼此不熟悉或地位等级不清晰的小团体的决策过程。例如，零历史团体可以在首次见面前告知成员需要解决的问题，让大家各自思考可能的解决办法，然后在正式会面时展开讨论，解释、评价和筛选成员提出的所有观点。

三、德尔斐技术

德尔斐是古希腊神话中"世界的中心"。德尔斐技术指成员在不见面的情况下通过信函或电子邮件的方式把自身观点分享给团体领导者，由领导者整理大家的观点，然后再将整理的结果分享给全体成员，如此反复，直至形成合意的决策方法。在此过程中，成员彼此之间没有互动，所有的信息都经由观点整理者传递。严格地说，德尔斐技术并不是团体讨论的方法。之所以介绍这一方法，是因为它可以帮助小团体在不碰面的情况下形成决策。在信息通信技术日益普及的今天，几乎所有的小团体都可以被称为虚拟小团体。如何使用信息通信技术获得具有创造力的观点，是小团体传播者必须掌握的技能。

1.德尔斐技术的操作步骤

德尔斐技术的使用遵循以下六个基本的步骤：

（1）团体领导者选出一个需要解决的问题。

（2）团体领导者将待解决的问题用信函或电子邮件的方式发送给团体中的每一个成员，向他们征求解决问题的办法。

（3）成员各自列出可能的解决办法，以同样的方式将自身观点发送给团体领导者。

（4）领导者将收集上来的成员意见汇总，形成观点清单后再次以信函或电子邮件的方式发送给成员。

（5）成员对清单上的观点进行评价和排序，以同样的方式将结果发送给领导者。

（6）团体领导者汇总成员的评价和排序结果。如未达成共识，团体领导者将汇总结果以信函或电子邮件的方式发送给成员，提醒成员继续补充、修正、评价观点，对其进行排序，然后以同样的方式发回给领导者汇总。如此反复，直至形成合意。

2.德尔斐技术的优缺点

上述步骤中，团体成员以匿名的方式提出观点和做评价；领导者发回汇总结果时，同样对观点提出者或评价者的身份保密。除了团体领导者以外，其他成员并不清楚观点的提出者和评价者的身份，这在一定程度上排除了个性、地位、表达能力等因素对决策结果的影响。因此，除了提供远程合作的便利外，德尔斐技术通常还能帮助团体获得很多具有创造性的观点。尽管如此，由于需要多次的信息中转，德尔斐技术非常耗时，只有在决策时间足够充裕的情况下，才能采用这一方法进行决策。此外，德尔菲技术还需要每一位成员多次处理信函或电子邮件，这要求团体成员高度投入。由于缺乏面对面互动，团体规范难以发挥作用，如果团体中存在"酱油党"或者士气低下，德尔斐技术就不是一种理想的选择。

第十二章　小团体的冲突管理

绿地公寓位于某市三环,是该市人才房房源之一。2010 年以前,入住绿地公寓的住户不到 20 户,小区住宅基本属于空置状态。2010 年以后,绿地公寓迎来第二、三批住户,绝大多数住宅均已入住。由于住户人数的猛增和私家车保有量的快速提升,小区原本配备的停车位数量与现有需求之间出现较大落差,"停车难"问题凸显。

为了缓解这一问题,物业增设地上停车位,采取"先到先停"的管理办法。由于供需差距较大,这一举措未能从根本上解决问题,部分回家晚、找不到停车位的车主经常将自己的车停放在道路转弯、拐角处甚至小区草地上,不仅妨碍车辆的正常通行,也破坏小区的绿化环境。更糟糕的是,该小区的住户大多数是青年夫妇,家里的孩子都还处于学龄前阶段,地上停车位造成车行道变窄,大大提高了孩子在小区路面上玩耍时被途经车辆蹭到甚至碾压的风险。

为此,一些无固定停车位的住户在小区 QQ 群里呼吁,改建绿化带,增设地上停车位。由于小区原本的绿化环境一般,周边又有多个工地在持续施工,很多已经租到固定停车位的住户为了家人(尤其是孩子)的健康,不愿意牺牲小区绿地。物业几次发起倡议,都在上门征求意见时遇挫。有车位的住户和无车位的住户各持一词,始终无法达成共识。立场的分歧一度转变为言语和行动上的争执,给小区的人际关系蒙上阴影。

就绿地公寓这一案例而言,住户之间分歧的来源是什么?面对这一分歧,住户采取什么方式应对?是否存在更理想的方式,可以在解决停车难问题的同时避免伤害其他住户的利益?回答这些问题的关键,在于管理冲突。接下来的三小节将围绕冲突管理展开,主要包括三方面内容:第一,如何理解冲突?冲突会对小团体产生何种影响?第二,通常采取什么样的风格来管理冲突?每一种风格适用的团体情境是什么?有何影响?第三,小团体应该如何管理冲突?哪些策略能较好地管理小团体内的各种冲突?

第一节 理解冲突

这一节,先了解冲突的定义、来源和类型;然后,一起破除有关冲突的"迷思";在此基础上,讨论冲突在小团体中的功能。

一、界定冲突

1.冲突的定义

所谓冲突,指双方因实际或想象中的观点、价值、地位、权力和目标的差异而展开的争斗,以便制衡、伤害甚至是消灭对方。这一定义包含三个要点:第一,冲突产生的原因,即观点、价值、地位、权力和目标的差异,可能真实存在,也可能基于主观判断,与事实存在偏差;第二,冲突是一个明确表现出来的争斗过程,这意味着,即便双方在某些方面不兼容,如果任何一方都不表达出来,就不存在冲突;第三,争斗是为了制衡、伤害甚至消灭彼此,如果任何一方都没有压倒对方的意愿,同样不存在冲突。

2.冲突的来源

在小团体传播的过程中,冲突产生的原因有很多。了解这些原因有助于更好地判别冲突的性质,进而做出反应。

首先,小团体中的冲突可以源于观点的差异。换言之,双方对于同一对象持有不同的看法。例如,调整城区公交站点的过程中,一些人主张增设居民区附近的站点,另一些人则提议增设写字楼附近的站点。有时候,观点冲突的背后是不同的价值观,又称"价值冲突"。相较于一般的观点冲突,价值冲突持续时间更长,表现也更激烈。例如,在电影《十二公民》中,虚拟陪审团就"是否应该判处嫌疑人死刑"展开激烈争论,当中有关个体尊严的论辩就是典型的价值冲突的表现。

另外,冲突可能源于成员对地位和权力的不满。小团体传播过程中,成员会寻求和确立自身地位。如果感觉自己的贡献和重要性没有得到其他成员的充分认可,地位冲突就可能发生。同样,成员不适当地运用权力或在准备尚不充分时试图领导其他成员,权力冲突也会产生。

当然，冲突的产生并不总是受到单一原因的推动。有时候，导致小团体冲突的原因还包括目标的差异。成员的隐藏议程和团体的公开议程不一致时，目标冲突就会产生。通常，成员不会直接表达自己的个人目标。目标冲突常表面上看上去是观点冲突，实际上却是地位冲突。例如，某成员想要更受关注和重视，因而频频反驳其他成员的意见或挑战地位较高成员的观点。

3.冲突的基本类型

根据来源的不同，小团体中的冲突可分为两种——实质性冲突和情感性冲突。所谓实质性冲突，指团体成员在完成任务的过程中提出不同观点的现象，又称"观点越轨"。当小团体中出现观点越轨时，其他成员会增加与越轨者的互动频率，试图使之接受大多数人的观点。情感性冲突指团体成员基于个人目标制造的人际冲突，又称"角色越轨"。当小团体中出现角色越轨者时，其他成员会忽略其发言，作为对越轨行为的惩罚。

二、关于冲突的"迷思"

所谓"迷思"，指生活中被大家视为常识的错误观念。第一章讨论过有关小团体传播的迷思，下文将逐一讨论有关冲突的迷思。

1.冲突源自误解

很多人认为，冲突源于沟通的失败，即沟通双方存在误解，没人能准确理解对方的意思。生活中确实存在这类情况。例如，组长宣布下一次会议定在下周二九点，组中多数人白天都有课，大家默认是晚上九点，只有你周二上午没课，以为组长说的是上午九点。当你准时赶到会议地点，却发现教室空无一人时，肯定会对组长含混的时间表达感到不满。尽管如此，也可能存在这样一种情况——准确无误地理解了对方观点，却无法认同这一观点或接受不了该观点隐含的价值以及个人目标。例如，小组讨论"是否应该禁止在教室使用手机"。基于课堂纪律的考虑，多数人表示应该禁用手机。而在你看来，是否使用手机属于个人自由的范畴，老师只有在确认学生使用手机的目的与课堂内容无关后才可以令行禁止。多数时候，冲突并不是沟通失败的产物，跟误解并无关系，沟通双方在观点、价值、地位、权力和目标方面的差异才是冲突产生的根本原因。

2.充分的讨论可以消除冲突

还有人认为，既然冲突源于沟通的失败，只要沟通双方愿意冷静、理性地就引起冲突的问题进行讨论和协商，冲突就可以被消除。单纯的观点分歧，如在解决问题的方式上持有不同意见，只要不涉及价值观，相对容易被消除。双方在价值观上持有不同立场，如一方认为校园秩序比个体自由更重要，另一方却认为个体自由高过校园秩序，分歧很难被消除。如果冲突源于地位、权力之争，要消除冲突也非易事。与地位、权力争斗相伴随的，是无休止的争论和对抗，即使一方胜出，另一方也会时常透过讥讽、质疑等方式挑战较高地位者和掌权者的权威，制造新的争端。最后，如果冲突的根源在于目标的差异，如一些小组成员希望形成高质量的决策，在期末拿到高分，另一些成员则完全不在乎成绩的高低，只希望少做事，消除冲突也很困难。

3.冲突有害

在大多数人看来，冲突必然伴随着以伤害、制衡或消灭对方为目的的争斗。不管对于小团体、组织还是社会系统来说，冲突都是有害的，应该尽一切可能避免冲突的发生。的确，很多时候，冲突会带来敌意、言语争执甚至是肢体上的暴力，破坏系统的稳定性以及人与人之间的和谐关系，但这并非故事的全部。很多社会学家都相信，如果差异被明确表达并得到恰当的管理，社会系统就能从冲突中受益。

同样，小团体中的冲突可以是"破坏性冲突"，即阻碍团体进程、降低团体合作效力的冲突，也可以是"建设性冲突"，即推进团体进程，改善团体合作效力的冲突。在小团体传播的过程中，双方高度情绪化，被愤怒情绪左右，一心只想压倒对方，赢得胜利时，冲突无法有效管理，就会成为阻碍团体进程的力量；双方都试图达成能令彼此满意的解决办法，实在无法说服对方的情况下也愿意求同存异，共同寻找一种创造性的、兼顾双方基本诉求的解决办法时，冲突就可以被有效管理，成为推进团体进程的力量。

三、建设性冲突的功能

建设性冲突有益于任务的达成和成员关系的维系，能从整体上促进团体系统的发展和变迁。

1.任务方面的功能

在任务方面，首先，建设性冲突驱使成员对观点进行细致检验。异议的提出有利于成员展开批判性思考，令观点愈辩愈明。团体较之个体决策质量更高的重要原因就在于团体的协同效应，冲突就是这一效应的重要来源。

其次，建设性冲突带来合作式互动。小团体成员拥有共同的目标，冲突的过程同时也是存在分歧的成员为了达成共同目标精诚合作的过程。建设性冲突本身就是成员之间合作式互动的表现。

最后，建设性冲突促成合意的形成。表面上看，冲突与合意对立。实际上，围绕冲突展开的互动是成员接受最终决策的重要前提，费希尔的决策生成模型就证明了这一点——冲突从来都是决策生成过程中不可或缺的环节。

2. 关系方面的功能

首先，建设性冲突能有效增加成员的参与感。只有在成员看重团体以及团体任务的价值时，他们才会发表不同意见。异议的表达客观上会增加成员之间的互动，提高成员的参与感。

其次，建设性冲突能提供敌意的发泄渠道。表达异议能帮助成员发泄负面情绪，避免因负面情绪的累积造成对团体氛围的严重破坏。

最后，建设性冲突能促进规范的形成和巩固。冲突意味着表达异议，是典型的越轨行为，不仅能帮助成员意识到规范的存在及其重要性，强化既有的规范，还能帮助成员认识到既有规范的不足，激发他们探寻和确立新的行动标准。

3. 系统方面的功能

从整体上看，建设性冲突能促成系统的发展和变迁。系统论认为，"变"与"不变"之间的动态平衡是系统持续生存和发展的前提。其中，"变"意味着创新，意味着越轨。对于小团体的发展和变迁来说，"创新越轨"，或者说建设性冲突，同样不可或缺。在小团体中，几乎所有成员都有创新越轨行为——认同小团体的目标，但在如何达成目标上持有异议。创新越轨行为出现在团体互动的各个阶段，只有在合意达成后，才会明显减少甚至消失。管理创新越轨行为的过程其实也就是作为系统的小团体接收负面反馈，对内部环节和因素进行调整，从而更好地适应环境、维系自身发展的过程。没有创新越轨或建设性冲突，小团体就会处于静止、停滞的状态，失去生机和活力。

第二节 冲突管理风格

上一节反复强调,冲突并不必然是负面的,建设性冲突和破坏性冲突的根本区别在于应对冲突的方式。下文主要关注两方面议题——团体生活通常如何管理冲突,不同的冲突管理风格会带来何种结果。

一、常见的冲突管理风格

通常,小团体会采取五种风格来管理冲突,分别是回避、顺从、竞争、合作和折中。

1. 回 避

回避风格,为持有不同观点但选择不表达出来,或者避免提出任何可能引起争论的观点。回避冲突的成员对团体任务的完成情况和成员关系漠不关心。

某些情况下可以用回避来应对冲突。例如,经历一段时间的争论后,团体成员通常会改变话题,晚一点再回到原先的话题。这是因为团体已经达到承受越轨行为的极限,回避冲突意在缓和气氛,推进团体进程。另外,权力较小的团体成员与掌权者存在冲突时,直接挑战后者并不明智,等待其他成员提出观点后再予以支持或响应可能更好。总之,当个人拥有的权力有限,议题也不甚重要,不表达异议并不会从根本上伤害团体决策时,可以采用回避的方式来应对冲突。

尽管如此,从长远考虑,一味退缩甚至惧怕冲突,不敢明确表达不同意见,不仅影响团体讨论的批判性氛围,损害团体决策的质量,还可能给其他成员留下"事不关己高高挂起"的印象,引发情感性冲突,影响和其他成员的关系。毕竟,解决问题的最好办法不是回避问题,而是直面问题!

2. 顺 从

顺从风格,在表达不同观点后未进行太多有力的争论就屈服于对方,表示支持对方观点。采用此类风格的成员关注成员关系,比较不重视团体任务的完成情况。

在一些情况下,可以选择顺从对方的观点。比如,团体成员经历漫长的争论却始终无法达成合意时,一方如果愿意退让,哪怕是微小的让步,也可以打破僵局,加速团体进程。当议题对你来说不重要但对其他成员来说非常重要时,顺从是一种聪明的冲突管理风格。如果议题对你来说很重要,那顺从就不是一个明智的选择——暂时被抑制的不满和怒火很可能在未来爆发,演变为更严重的情感性冲突。

3. 竞　争

竞争风格,努力压倒对方,不顾及对方对决策结果的满意程度。采用此风格的成员高度关注团体任务完成情况,比较不重视成员的关系。

有些时候,应努力压倒对方观点。例如,在时间紧迫、个别成员还在发起无休止的争论时,迫使该成员屈服显得无可厚非。如果确信团体正在做的事情是有害的、错误的或者违背你的基本价值和信仰,可以采用竞争的风格来应对冲突。绝大多数情况下,竞争风格都会导致冲突的升级,不利于团体任务的完成和良好氛围的维系。

4. 合　作

合作风格,又称"问题解决"风格,指为自身意见申辩的同时避免对他人的攻击和对双方关系的伤害。采用这一风格的成员高度关注任务完成情况和成员关系。

在小团体传播的过程中,合作由三个重要部分构成:对峙,明确意识到冲突的存在并采取直接行动管理冲突;整合,寻求能同时且最大化满足双方需求的创新性的解决办法;缓和,管理冲突的过程中安抚对方过激的情绪和感受,如在对方音量陡然提高的时候说"我们都冷静一下,相互攻击解决不了问题"。

相较于其他风格,合作似乎是应对冲突的最理想的方式,但不是任何时候都可以采取这一风格。为什么?首先,合作需要投入大量时间、精力,要求冲突双方具备较高的沟通技能;其次,合作必须建立在信任的基础之上;最后,合作双方的基本价值要比较一致。只有在成员有充足的时间和精力进行讨论,相互信任且不存在价值分歧的前提下,合作才是理想的冲突管理风格。

5. 折　中

折中风格,放弃一些利益以换取其他利益。采用这一风格的成员比较关注任务完成情况和成员关系。

折中意味着冲突双方都不满意最终的解决办法。在议题不太重要、双方存在基本价值分歧或时间有限时,折中是一种适宜的选择。需要注意的是,折中的实际效果取决于利益让渡的公平合理性——只有当冲突双方都感觉对方做出合理让步时，折中才可能平息冲突。

6. 小　结

综上可知，并不存在适用于任何情境的冲突管理风格。在选择应对冲突的方式时，应综合考量以下四方面的因素：第一，时间压力，即距离任务完成期限还有多久，在时间紧迫的情况下，合作不是理想的选择；第二，议题的重要性，即是否看重争议的内容以及该内容是否触及基本价值，当双方存在价值冲突时，回避、顺从、合作都不是理想的选择；第三，关系的重要性，即与对方成员保持亲近、相互支持的关系的重要性，当维系良好关系显得十分重要时，竞争不是一种理想的选择；第四，相对权力，即较之对方成员拥有的权力，如果权力有限，竞争也不是理想的应对冲突的方式。

二、冲突管理风格的结果

1988年，在《消除人际冲突》一书中，艾伦·菲利根据结果的不同对冲突管理风格进行分类。在他看来，不同的冲突管理风格会带来三种可能的结果——"单赢""双输"和"双赢"。

1. 单　赢

所谓单赢，指冲突一方达成既定的目标而另一方未能实现既定目标的情况。回避、顺从和竞争风格都会带来这样的结果，只是在细微方面存在差异：选择沉默、不表达异议的团体成员很可能被其他成员忽略，日益边缘化；采取顺从风格的成员由于提供团体需要的"支持"可能得到其他成员的认可；在竞争中败下阵来的成员很可能被团体视为"麻烦制造者"，被其他成员孤立。

2. 双　输

所谓双输，指冲突双方都未达成或未能完全达成预期目标的情况。折中的结果就是双输。当然，这里的输赢是就个人目标的达成情况而言，并不涉及团体效力。对于个人来说，折中意味着违背自己的初衷，但对小团体来说，在合意确实无法达成的情况下，折中是必然的选择。为达成合意付出的努力越多，折中时的挫败感就会越轻。

3. 双　赢

顾名思义，双赢就是冲突双方顺利达成合意，实现各自的预期目标。对于冲突管理来说，双赢自然是最佳的结果。但就如前文所及，最理想的冲突管理风格并不必然就是最适宜的冲突管理方式。条件允许的情况下,的确应该以双赢为目标。实在找不到合作的基础,折中也是次好的选择。

第三节　冲突管理策略

冲突管理风格描述个体成员在冲突应对上的倾向,冲突管理策略则着眼于整个团体,解答面对冲突时团体应该采取什么样的行动以达成合意的问题。有关冲突管理策略的内容主要围绕两类议题展开,一是实质性冲突的管理,一是情感性冲突的管理。

一、管理实质性冲突

实质性冲突也就是观点冲突。在小团体中,管理得当的实质性冲突可以改善团体决策的质量,成为建设性冲突。下文将介绍管理实质性冲突的进阶策略:任何时候,合作都是管理冲突的首选方式;这一方式不见效时,可以考虑折中;只有在双方都坚决不让步的前提下,投票或仲裁才是合理的替代性选择。

1. 合　作

管理实质性冲突的关键在于直面冲突。首先,应该鼓励存有分歧的双方明确、清晰地表达观点。例如,一方的观点可能是"我们应该开除小陈",另一方的观点则是"我们应该再给小陈一次机会"。接下来,鼓励双方说明自己的理由,即为什么坚持这一观点。例如,一方的理由是小陈刚进入单位不久,未被知会相关的工作规程。如果另一方接受该理由,分歧就可以消除。如果对方质疑这一理由的真实性,接下来可以鼓励成员提供支持自身观点及理由的证据。例如,反对开除小陈的一方可以提供小陈的直接上司的证词,证明小陈确实还未参加新员工培训,对于相关工作规程不了解。如果另一方认可这一证据,分歧可以被消除。不过,更多的时候,分歧源于价值差异或利益竞争。此时,合作的达成需要更多的沟通努力和技巧。接下来将介绍一种常见的协商方法,它能帮助冲突双方在不违背初衷的情况下达成合意。

1983年,罗杰·费希尔和威廉·尤里提出"原则性协商"这一冲突管理方法,主张冲突双方自行解决分歧,竭力寻求共同利益,在实现自身利益的同时维系双方的良好关系。达成双赢的关键在于遵循以下四项原则:将人与问题切割,聚焦利益而非立场,寻求双赢的备选方案,将最终结果建立在客观标准的基础之上。

具体说来,首先,在协商的过程中,双方应对事不对人,不要把观点分歧表述或解读为性格差异或人身攻击。其次,协商的重点是利益不是立场。所谓利益,指选择特定立场的理由,如需求、忧虑。如果双方只顾坚持表面的立场,分歧就很难被消除;只有当双方都聚焦实质性的利益时,双赢的结果才可能出现。再次,明确利益诉求后,双方应努力创造尽可能多的备选方案。上一章提到的头脑风暴、名义小组等方法都有助于获得创新性的问题解决方案。最后,协商双方必须确立客观标准以评估各种方案的利弊,找到最佳的解决办法。整个协商过程中,冲突双方必须无条件地保持建设性立场,无论对方是否"报之以李",自身都要"投之以桃",努力寻找令双方受益的解决办法。只有将这样的立场贯穿始终,合作才可能真正达成。

2. 折中

冲突双方始终找不到双赢的方案、合作无望时,只能转向折中,鼓励成员在某些利益上做出让步,以换取其他更重要的利益。在小团体中,冲突双方可以选择中立立场的"调解人",如未卷入冲突的领导者或其他有威信的成员来促成折中。下文将介绍一套调解程序,它以折中为最终目标,融合前面提到的原则性协商的思维。这套程序共包括以下三个步骤:

(1)冲突各方说明自身观点立场并理解对方观点立场。首先,由甲方派出一位代表说明其观点及理由,在此过程中,乙方成员不能说话;甲方代表发言结束后,乙方成员可以要求甲方重述、澄清、解释,但不能提出不同看法;然后,乙方派出一位发言人,说明其对甲方观点立场的理解直至甲方认可;接下来,按照同样的流程,由乙方说明其观点并确保甲方理解正确。

(2)陈列各方观点立场的优缺点。调解者在活动挂图或黑板上分别写下双方观点立场,由支持的一方列举每一种观点立场的优点,调解者一一记录;然后,由另一方总结其缺点,由调解者一一记录;最后,调解者与双方成员一起寻找两边观点立场的共同点。

(3)寻找新的观点立场,达成合意。首先,调解者梳理团体成员具有的共同基础,如都想要解决问题,在解决办法上的相似点,团体的凝聚力和归属感;

然后,调解者鼓励团体成员一起寻找双方都能接受的解决办法,调解者有什么想法,此时可以提出;最后,调解者要求双方成员折中,寻找一种能满足双方最低要求的新的观点立场。

3. 投　票

如果冲突双方不愿意让步,即便继续讨论下去也不可能达成一致意见,决策时间有限且多数人已经有了一致意见,可以采用投票的方式来管理实质性冲突。正如第十章提到的那样,如果投票结果严重伤害少数人的利益,必然会导致后者的不满和怨愤,决策在执行过程中可能遭遇少数人的抵制。

4. 仲　裁

当前述办法都不奏效,协商、调解、投票均不可行,团体始终无法达成合意时,可以采取仲裁的办法来管理实质性冲突。仲裁者通常由上级组织、更高一级的领导者、权威机构或专家担任。某些情况下,小团体的领导者或位高权重的个人或部分成员也可以担任仲裁者的角色。仲裁者根据自身对双方观点立场的了解做出最终决断。在此过程中,仲裁者的中立性必须保证,否则成员不会同意接受其仲裁。如果要求冲突双方折中,仲裁结果很容易引发团体成员的不满和抵制。另外,团体成员担任仲裁者时,需要承受较大的压力。

二、管理情感性冲突

与实质性冲突不同,情感性冲突通常源自团体成员的隐藏议程,不易被辨识,也难以管理。一般情况下,实质性冲突是建设性的,若不适当管理,实质性冲突也会转化为情感性冲突,阻碍团体进程,成为破坏性冲突。在小团体中,情感性冲突的管理同样采取简单的进阶策略:冲突初现时,可以采用私下沟通的方式;如未果,可以转向对峙。

1. 私下沟通

团体成员之间产生情感性冲突时,直接挑明问题可能令冲突双方陷入尴尬。中国文化非常强调在沟通中保存彼此的"颜面",避免在公开场合挑战或者批评他人。因此,在这一阶段,寻找一个未卷入冲突的团体成员担任调解者的角色,与另一方或冲突双方私下沟通,寻找问题症结,缓和双方关系,是比较理想的选择。私下沟通没有效果,可以考虑将这一问题纳入团体议程,与另一方或冲突双方展开公开的对峙。

2. 角色扮演

对峙的方法之一,是角色扮演。这一方法适用于因性格或行事风格的差异导致情感性冲突,且冲突卷入者对于自身行为的后果认识不清的情况。所谓角色扮演,就是冲突中的一方在与另一方互动的过程中有意识地模仿对方的行为,如频繁质疑他人观点却不提出建设性意见,然后在对方深感恼怒时告知对方角色扮演的事实,帮助对方认识到自身存在的问题。

3. 元沟通

另一种对峙方法是"元沟通"。所谓元沟通,就是关于沟通的沟通。换句话说,就是由团体领导者或其他有威信的成员在团体会议开始或结束时发起,对团体的任务完成情况和成员关系的现状进行讨论,共同找出当前存在的问题及其症结,寻求解决问题的办法。在此过程中,发起者要努力营造自由表达个人感受的氛围,鼓励成员发现问题、直面问题和解决问题。

第十三章　小团体传播的结果

前面的章节主要着眼小团体传播的"输入"和"转换"环节。其中,"输入"部分探讨成员加入小团体的动机,成员的人格特质和社会文化背景,成员展开有效的关系性沟通的能力,讨论成员的批判性思维的影响。"转换"部分同样涉及小团体传播的诸多要素,包括小团体的规范、角色、决策过程、创造力和冲突管理等。

本章将进入小团体传播的最终环节——系统"输出",一共从三方面展开:首先,介绍小团体传播的结果类型,简要描述其内在机制;然后,梳理主要的结果类型——生产力和凝聚力之间的关系;最后,从整体上探讨影响小团体传播效力的因素。

第一节　小团体传播的结果类型

《作为系统的小团体》一章将团体输出分为两类——有形的结果,如报告、决议、解决办法,和无形的结果,如团体氛围、成员的个人成长。这一节的内容基本沿袭这一思路,将团体输出分为三种类型——生产力,凝聚力和其他。其中,生产力对应有形的结果,凝聚力、个体的成长、组织的改变对应无形的结果。

一、生产力

作为有形的结果,生产力的衡量指标主要包含三方面——决策效率、质量和接受度。

1. 决策效率

所谓效率,就是单位时间内完成的任务量或完成单位任务所花费的时间。就小团体而言,决策效率的评估方式有两种:一是小团体在开展特定时长的互动以后任务推进的程度,一是小团体推进特定任务所花费的时间。通常,我们采用完成特定任务所花费的总时长来评估小团体最终的决策效率。

与个体决策相比,团体决策的效率整体偏低。部分原因在于小团体观点多元,不易形成合意,成员在团体讨论过程中也难以保持注意力持续集中。既然小团体的决策效率不如个体,为什么还要采用团体合作来形成决策呢?答案很简单:中国有句俗语,叫"三个臭皮匠,顶个诸葛亮",也就是说,三个非专业领域的门外汉的集体智慧可能胜过该领域的一位专家。团体决策虽然费时,但质量通常比较高,这是很多时候采用团体合作方式的原因。

2. 决策质量

衡量小团体的决策质量的方式很多,其中最直接的就是看实施情况,即决策是否能顺利实施,是否达到预期的效果。例如,解决道路拥堵问题的方案,在实施过程中引发严重的征地纠纷和群体性事件,提案团队的决策质量就不高。决策不需要具体实施时,可以依据决策本身的合理性和创新性来衡量其质量。如果决策中涉及的所有构想和细节都有翔实的数据或资料的支撑,言之有据、合情合理,其质量就比较有保证。

评估小团体的决策质量时,可能碰到这样的情况:与个体成员原本持有的立场相比,团体采取的立场更冒进,或者更保守。这一趋势被称作"团体极化"。早期研究将这一现象归因于责任分散,即由于决策风险共担,成员较之个体状态更容易走极端。之后的研究开始认识到极化现象与成员的团体参与度和责任感之间的关联——持极端立场的成员通常具有更高的参与度,会更努力地说服立场相对温和的成员改变态度。另外,研究者还发现,极化现象也可以是团体合意的结果。持极端立场的多数成员将自身立场确立为团体规范,立场相对温和的成员在从众心理的驱动下会遵守规范,改变初衷。

3. 决策的接受度

衡量生产力的最后一类指标是接受度,即利益相关者愿意接受小团体的最终决策、据之行动的程度。团体决策的效率和质量再高,不被利益相关者接受的话也是白费力气。接受最终决策通常意味着改变,改变会降低对环境的控制感和安全感。通常,只有亲身参与决策的制定过程,确认决策不会威胁自身安全,未来对其进行调整和改进时,成员才可能欣然接受团体的最终决策。

二、凝聚力

凝聚力是抽象的概念。在衡量小团体的凝聚力方面,研究者有不同看法和立场。其中,人际吸引、成员满意度和团体认同常用来衡量凝聚力。

1.人际吸引

在一些研究者看来,彼此有好感的个体可以形成具有凝聚力的小团体。衡量凝聚力可评估个体成员在多大程度上相互吸引和喜爱。

2.成员满足感

也有研究者认为,衡量凝聚力的标准应该是成员从团体经历中获得满足感的程度,而非成员之间的人际关系。"满足"一词指士气、忠诚度或对团体经历的其他方面的正面感受。成员满足感与团体是否形成合意以及团体生产力等因素有关。

3.团体认同

还有研究者认为,凝聚力取决于成员对团体的认同度,也就是成员在多大程度上将自己视为团体的一员,将团体目标内化并为之努力。相对于人际吸引和成员满足感,团体认同是更抽象的概念,更难准确观察和评估。有一些现象可以视为团体认同形成的征兆。例如,成员用"我们"来称呼所在的团体,将团体外的个体或群体视为竞争对手。

也有其他一些现象预示团体认同的存在。比如,欧内斯特·G.博尔曼在符号融合理论中指出,"团体幻想"是团体认同形成的重要指标。在团体互动的特定阶段,一些成员会讨论与手边工作无明确相关的话题,讲述包含特定主题的故事,这往往意味着幻想的开始;其他成员会继续该话题,讲述相同主题的故事,形成"幻想链"。故事围绕同一个主题展开,如"成长之痛""分离的不舍"。内容源自新闻、组织的轶事或成员的亲身经历,包含特定的角色。讲故事的过程能帮助成员讨论平日里不便或不能讨论的议题,创造有意义的符号,塑造团体认同。当成员以接连讲故事的方式来分享共同意识时,他们就真正成为小团体的一员了。

三、团体输出的其他类型

生产力和凝聚力更多涉及团体本身的变化。在此之外，小团体传播还会导致个体的成长和团体隶属组织的改变。

1. 个体的成长

对于任何人来说，团体合作都不是容易的事情，需要面对许多问题，迎接诸多挑战，克服许多障碍，才能达成最终目标。不过，也正是在解决问题、直面挑战和克服障碍的过程中，个体得以不断成长与进步。首先，团体合作离不开沟通与互动。与性格各异、背景不同的成员接触，不但能看到自己的长处和缺陷，对自己形成更全面的认识，还能学会求同存异，与他人和谐共处，建立相互信任的关系。另外，在沟通互动的过程中，还可以获得单凭一己之力难以获取的信息和知识，增长见识，开拓眼界。更重要的是，通过团体合作可以掌握很多方面的技能，如全面分析和解决问题，高效决策，使用信息通信技术获得尽可能多的创新性观点，合理安排会议议程。

即使团体合作不成功，也可以从失败的经验中得到成长。公关实务课上，一个小组出现问题，进展不顺利。模拟提案环节糟糕的表现导致全组在这门课上成绩不理想。这一不甚成功的合作经历引发成员们的深刻反思——在小团体传播的课上，该组同学从各自的角度总结团体合作失败的原因，撰写出观点犀利、论据详实、分析鞭辟入里的团体合作日记。良好的期末作业完成情况为他们赢得好成绩。即使这个小组的成员没有机会在另一门课上扳回一城，先前失败的经历也会令他们成长，让他们在下一次的团体合作中不再犯类似的错误。

2. 组织的改变

将小团体视为系统，该团体所在的组织就属于环境的范畴。作为系统，小团体与周围环境之间相互作用：一方面，小团体的活动受所在组织的结构和关系的影响；另一方面，小团体传播反过来塑造组织，改变组织的结构和关系。

组织的改变可以分为两类：一是随着团体进度的推进潜移默化发生的改变，如组织成员互动方式的调整、士气的提高；一是因为团体决策的最终实施带来的改变，如生产线的改进、裁员行动的推进。后一类型的改变更容易遭遇组织成员的抵制。较之大刀阔斧的改革，从小范围切入的渐进式的改变更容易为组织成员所接受。

第二节　生产力与凝聚力的关系

在团体输出的几种结果类型中，生产力与凝聚力一直是研究者关注的重点。本节将进一步聚焦这两类结果，探讨它们之间的关系。不过，正式进入这一话题之前，先来了解与其密切相关的概念——小团体传播的"维度"。

一、小团体传播的两个维度

所谓维度，指团体进程的角度、方面和层次。小团体传播的过程始终包含两个维度：一是"任务维度"，即小团体成员所做的事情以及他们做事的方式；一是"社交维度"，即小团体成员彼此之间的关系，特别是他们作为团体一员的感受。

有关小团体传播的论述，往往会分别讨论这两个维度。例如，在前述章节中，第六章《小团体的批判性思维》、第九章《领导小团体》、第十章《小团体的决策过程》和第十一章《小团体的创造力》主要探讨任务维度的议题，第五章《小团体中的关系性沟通》、第七章《小团体的规范》、第八章《小团体的角色》和第十二章《小团体的冲突管理》则主要探讨社交维度的议题。

这样的论述很容易给人留下一个印象，即任务维度和社交维度的活动相互独立，可清楚区分。实际上，这两个维度就如同长方形的高和宽，虽然可以被分别观察和测量，但就整个长方形而言，两条边不可分割，失去任何一条边长方形都不再成立。理解小团体传播过程的更适切的方式，是将任务和社交维度视为同一个硬币的两面，二者在理论上可以分开，在实践中却密不可分，缺一不可，同时存在于任何小团体以及同一个小团体的任何阶段之中。

二、生产力与凝聚力的关系

生产力和凝聚力恰好与小团体传播的两个维度相对应：任务维度的输出结果是生产力，社交维度的输出结果是凝聚力。正如任务维度和社交维度必然共存一样,生产力和凝聚力也密不可分。我们经常用"无生产力"或"无凝聚力"来形容小团体的输出结果,但这并不意味着小团体真的完全没有生产力或凝聚力,只是都比较低罢了。换句话说,生产力或凝聚力并不是可有可无的"品质",它们必然同时存在于所有的小团体之中。

通常,生产力和凝聚力会相互促进:小团体的凝聚力越强,成员的工作表现会越好,生产力也就越高;反之,生产力越高,成员之间会越团结,小团体的凝聚力也就越高。现实中也存在成员关系非常糟糕但照样能很好地完成任务的情况,但较少见。更常见的情况是成员非常认同自己所在的小团体,高度团结,但决策效率却不高,甚至产出非常糟糕的决策。正如图13-1所示,凝聚力的提高通常会带来生产力的增长,不过,凝聚力达到峰值时,整个小团体的生产力反而会下降。换言之,高度团结的小团体可能只具有中到低等的生产力。

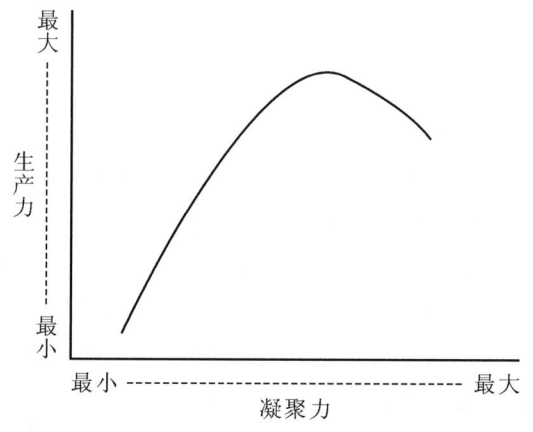

图 13-1 生产力与凝聚力的关系

导致这一现象的原因有许多:一是融洽的团体氛围使成员忘却合作的初衷,将更多时间用在社交而不是完成任务上;另一原因是高度团结的小团体拥有许多尚未发挥出来的"储备生产力",只要成员愿意,完全可以高效高质地完成任务,只是现在有所保留,所以小团体的生产力会比较低;第三种原因是团体盲思的影响,如和谐的成员关系带来较大的从众压力,或前期良好的工作表现带来爆棚的的信心,成员陷入集体智慧"必然正确"的窠臼,没能将批判性思维贯穿于决策过程的始终。

第三节　影响小团体传播效力的因素

作为任务维度和社交维度的输出结果，生产力和凝聚力是衡量小团体传播效力的主要标准。从系统论的角度来说，找不到所谓的"神奇的公式"，可以生搬硬套地去提高任何类型、任何阶段的小团体的生产力和凝聚力。因此，本节并不打算建议任何提高小团体传播效力的策略，而揭示一系列影响小团体传播效力的因素。它们在前面的章节中多少被提及，再次回顾的目的不仅是重温小团体传播理论的要点，也是为了提供整体的印象，以便在小团体实践中灵活地利用和控制这些因素。

一、团体规模

影响小团体传播效力的第一类因素是规模。团体规模与小团体的发展息息相关。通常，小团体的规模越大，成员具备的信息、知识、能力和技巧越丰富，越有助于任务的完成；与此同时，个体成员参与讨论的时间必然减少，参与程度不易平衡，派系可能产生，共识难以达成，对领导者能力的要求因此变得更高。我们往往倾向于强调较大的团体规模的好处，却忽视其潜在缺点。实际上，规模过小或过大时，小团体的生产力和凝聚力都会面临考验，传播效力也会因此受到影响。

多数时候，成员无法决定团体规模，后者通常取决于管理者的意志。即便如此，保持对团体规模的敏感性依然十分必要。监控团体规模的影响进而提供相应的建议——如将规模较大的团体拆分为若干个"次级团体"，鼓励后者从不同方面或角度推进决策——有助于改进团体决策的效率和成员的参与度，提高小团体传播的效力。

二、团体目标

团体目标，或者更确切的说是成员对团体目标的投入度也会影响小团体的传播效力。现实生活中，我们会因为各种原因加入小团体，为团体目标的达成付出不同程度的努力。多数时候,个体目标与团体目标总有一些共同之处,并不存在不可调和的冲突。致力于完成团体目标并不意味着完全放弃个体目标,而是暂时搁置或放弃部分个体目标以实现其他与团体目标一致的、更重要的个体目标。这一过程看似简单,其实隐藏诸多潜在的冲突。

一方面,成员对团体目标的感知和理解可能不一致。比如,怎样描述校学生会的目标? 在一些人看来,其目标是服务同学,而在另一些人看来,这一团体的目标是组织、参与校园活动或协助校方的学生管理工作。究竟谁的说法准确? 其实,上述提法都没有错,只是视角不一样。成员对团体目标的感知和理解存在差异的现象经常发生,无法回避或消除。因此,在评估其他成员的投入度时,不妨将目标理解偏差考虑在内,避免因为误解而导致不必要的冲突,损伤团体的凝聚力。

另一方面,团体目标一般都是长期目标。对于目标的执行者——团体成员来说,目标不够具体或短期内见不到成效,很容易让人失去方向或是丧失信心。因此,在阐述团体目标的过程中,可以把长期目标分解为一系列难度适中的"中间目标",将这些目标表述为一系列的行为,如"为了……需要做……"。具体可行的中间目标能使成员在感受到阶段性成果带来的喜悦的仍把握前进的方向,循序渐进地实现团体的长期目标。

三、关系性沟通

当成员愿意为了团体目标的达成暂时搁置甚至放弃部分个体目标时,影响小团体传播效力的是成员的能力而非意愿,其中非常重要的一项就是开展关系性沟通的能力。

1.发言的平衡

通常,对团体投入度高的成员在言语交流方面更积极,会积极参与讨论,表达观点和意见;这些积极的言语交流行为反过来又会提高这些成员对团体的投入度。尽管如此,部分成员的积极发言并不足以导致有效的团体讨论,后者的关键在于平衡发言。注意,这里的平衡发言并不是说每个成员的发言时长均等——在任何小团体中,总有一些成员在信息和观点上的贡献更多,更有价值——而是强调讨论时间不要被一位或几位成员独占,任何成员在愿意的时候都应该有机会参与讨论。

2. 言语的功能

言语的功能而非内容最终决定传播效果。沟通过程中的任何一句话都承担特定的功能。例如,当你问"我们花了多少时间讨论这个问题"时,你并不是真的在询问花在这个问题上的时间,而是透过提问来提醒成员转向下一个问题。后者就是这一句话的功能,也就是透过这句话力图达成的目标。

在团体讨论的过程中,仅仅根据内容来理解言语的意义容易导致误解。同时关注言语的内容与功能的确很有必要,但它并不像想象的那么容易。很多时候,成员倾向于间接表达意愿。此时,对言语功能的辨别取决于成员关系——彼此之间越熟悉,言语功能被准确理解的可能性越高。因此,在小团体传播的最初阶段,当成员之间还不太熟悉时,最好能相对直接地表明自己的目标,如使用具体词汇,避免使用任何的激发词汇。

3. 支持性沟通

注重发言的平衡性以及关注言语功能的最终目的,是为了在小团体中营造支持性沟通的氛围。此类氛围直接取决于支持性沟通行为在成员互动行为中的比例。支持性沟通源于同理心,采取此类沟通方式的成员通常具有较强的他人导向和问题导向,从不评断他人,沟通中对事不对人,愿意与人合作,平等对待他人,常被认为是真挚、诚实和自然的。

与支持性沟通相对的是防御性沟通,此类行为源于对威胁的感知。采取防御性沟通行为的成员经常评断他人,在沟通中对人不对事,经常试图控制他人,表现出较强的优越感,因而常被认为是精于算计、自负、虚伪和不可靠的。防御性沟通伤害成员关系,支持性沟通可以营造互信互助的团体氛围,进而激发出更多的支持性沟通行为。

4. 倾 听

判断沟通行为究竟是支持性的还是防御性的,关键看行为发出者如何提供反馈。后一过程离不开关系性沟通的另一重要维度——倾听。你是否有过这样的经历:在你认真发言时,一些成员显得漫不经心,说什么都不做回应,很快你就失去继续发言的热情。反馈是倾听的核心环节。透过反馈,成员可以确认他人言语的功能,理解他们的意图,在此基础上表明和论证自己的观点和态度,推动决策的形成。反馈活动没有时,互动不复存在,就更谈不上支持性沟通。

为了使沟通行为具有支持性,提供反馈时应该注意以下五方面的问题:

(1) 尽可能具体。比如,当你说"我不同意"时,对方可能不明就里,把表述改为"我不同意你号召学生捐款的提议",其他成员就能比较准确地了解你的立场。

（2）提供论据。就其他成员的言行发表意见时,尽量提供各种论据来支持论点,让其他成员明白你的意图和目标。

（3）把握时机。一般情况下,对他人言行做出及时反馈,不要等时过境迁再告诉对方"你上次的那个提议其实还不错"。

（4）对事不对人。表达异议时,焦点应该是信息、观点本身而不是提供信息和观点的人。不要采用诸如"你错了"这样的表述,更好的方式是告诉对方"我们可以再改进一下你的这个观点"或者"我曾经看到过一篇报道,它的结论跟你刚刚的说法不太一样"。

（5）将负面信息去锐化。表达异议时,不要采用具有强烈的情感色彩或绝对化的表述。例如,跟"绝不能这样干"相比,"我不是很确定这样做行不行"和"或许另一种方式更好"更能让对方认识到自身观点的不足,接受其他方案。

四、批判性思维

在小团体中,批判性思维要求成员对决策过程中提出的所有论点、论据和论证过程进行持续、系统的检验。将批判性思维贯穿整个决策过程的小团体通常能获得较高质量的决策。团体盲思是凝聚力较高的小团体做出糟糕决策的可能原因,它的出现与批判性思维的缺乏密切相关。

对于小团体来说,批判性思维是传播效力的必要保障。然而,就个体而言,批判性思维意味着不盲从权威和多数人的立场,批评性地评估其他成员提出的信息。对于新加入团体或单纯缺乏经验的成员来说,这无疑是一个巨大的挑战。他们中的多数人会选择暂时搁置批判性思维,回避与其他成员的观点冲突。这无可厚非,只不过团体决策是一种特殊的社会情境,礼貌、谦逊或圆滑世故并不能转化为决策的质量。事实上,成员为了不伤害彼此的感情而抑制自身真实想法的现象是典型的低凝聚力团体的表现。在高凝聚力的小团体中,批判性思维常常是显在的规范。这跟人际交往一个道理——我们会跟最亲密的朋友真诚以待,因为我们知道这样对朋友好,而且朋友也不会介怀。

为了达成对信息的持续系统的检验,小团体应该将批判性思维确立为显在的规范,营造宽松自由的氛围,鼓励成员对自身以及其他成员提出的信息进行有理有据的质疑和批评。可以使用以下这些问题来检验团体的批判性效力:

(1)成员使用什么样的字词句段来传达信息?

(2)信息的质量如何?是否有充分的数据、证据和事实?这条信息是否曾经被检验或讨论过?

(3)团体规范如何?成员能否在没有太大压力的状况下表达异议?

(4)成员对任务的投入程度如何?能否完成团体分配的工作?在完成任务的过程中,成员足够自信吗?还是自我封闭,排斥改革和创新?

五、地位层级

第七章和第八章特别强调团体规范和角色的自然生成机制,原本是为了挑战社会常识的认知偏差,给规范和角色的可变性留下空间。但这类论述很容易给人留下错误的印象——小团体是由地位平等、权力相当、各司其职的个体成员构成。现实中,地位层级存在于任何小团体当中,只是不同类型的小团体或同一团体的不同发展阶段在地位分化的程度上有所不同罢了。例如,虚拟小团体发展的最初阶段,成员通常不太能感知到地位层级的存在;随着互动的增加,地位分化会逐渐明晰。实际上,只要地位层级清晰,高地位的成员得到其他成员的理解和支持,地位差异就不会影响小团体的凝聚力。

在任何小团体中,总有一些成员,比如领导者,占据比其他成员更高的地位,拥有更多技巧或资源,更能影响其他成员。每一个成员都可以承担领导者的职能,但只有那些能够最大限度地提高团体的任务完成效率同时又对团体氛围保持敏感的成员才能得到其他成员的认可,成为真正意义上的领导者。简言之,最能帮助小团体增强生产力和凝聚力的成员最有可能成为领导者。

既然成功的领导是团体效力的保证条件之一,如何提高领导效力呢?为了准确"把脉"团体当下的状态,领导者需要比其他成员更关注社交状态,持续、细致地观察和评估成员的沟通行为,根据自身与成员以及成员彼此之间的互动氛围采取适当的领导风格。

现实生活中,成员在任务和社交维度上的成熟度都很高、团体领导者可以放任不管的情况并不常见。多数情况下,领导者都需要指导和组织成员完成团体任务。因此,他们必须比其他成员知道得更多,这样即使成员的信息准备不充分,团体讨论也可以进行下去;他们还必须比其他成员更有规划,每次开会前都准备好议程表并提前发送给每一位成员,这样即使成员思绪万千,会议也可以有序开展甚至事半功倍；另外，领导者还需要时刻关注团体的批判性效力，关注决策进度。

六、决策进度

关注决策进度并不是领导者独有的职能。事实上，任何一个团体成员都应该对决策进度保持的敏感。小团体传播效力的表现形式之一，是成员能够公正准确地判断团体所处的阶段并据此调整自身的沟通行为。对团体进程的敏感性能帮助成员及时诊断现存的问题并找到适合的解决办法。例如，团体决策的进度比较缓慢时，缺乏经验的成员很容易陷入沮丧、焦虑的情绪中；而那些对团体进程敏感的成员会耐心地观察和寻找原因，当他们发现效率低下是因为成员在激烈的观点交锋后转向闲聊，或是因为成员在经历头脑风暴后进入灵感枯竭期时，他们会坦然接受这一现状，等待团体进度在短暂放缓之后的自然加速。

七、创造力

创造力是影响小团体传播效力的另一因素。通常，成员在互动过程中贡献的观点和决策备选项越多，团体决策的质量就越高。为了获得高质量的团体决策，成员需要跳脱个体和社会框架的限制，贡献尽可能多的观点和想法，但这并不意味着任何时候都要鼓励成员发挥创造力。一般来说，在团体决策的初期（定位和冲突阶段），新观点对团体的帮助最明显；当团体进入生成阶段后，创造力依然发挥作用，但主要用于调整和融合之前提出的观点；在团体决策的巩固阶段，提出新观点会干扰决策进度，对团体效力产生负面影响。

鼓励成员发挥创造力时还需要考虑在决策过程中，团体不可能接受成员贡献的所有创意。成员提出的想法越多，最终被团体拒绝的想法也就越多。没能完全了解团体进程的成员，会将团体对他们观点的否定等同于对他们自身，甚至是对其成员价值的否定，因此抑制创造性冲动，拒绝贡献更多创意。让成员理解团体进程的本质，形成对观点被拒的预期，可以减少成员抑制创造力的几率，增强小团体的决策效力。增进成员对团体进程的理解的另一目的，是让成员明白创造力与放慢的决策进度之间的内在关联性，帮助他们更理性地看待决策进度的变化，能在决策的最初阶段安心放飞自己的想象力。

第十四章　虚拟小团体

科学技术的进步,给生活,尤其是团体生活,带来极大的便利。今天,不需要见面就可以和分散在各地的团体成员进行互动,共同完成任务。例如,可以使用邮件分享信息和资料,安排讨论的时间和形式,可以利用QQ、微信、Skype交换意见和观点、形成决策,还可以通过优酷、爱奇艺、搜狐等网站分享视频,展示团体的阶段性成果。科学技术提供便利,也引发问题。例如,在QQ上参与团体讨论,很容易出现离题、误解、拖延、冲突。

围绕科技与小团体传播的关系,本章主要从四方面展开:首先,简要介绍信息通信技术和虚拟小团体;然后,剖析三类依托不同信息通信技术的虚拟小团体的优势与不足;接下来,从技术特性方面着手探讨虚拟小团体的传播效力;最后,归纳若干提升虚拟小团体传播效力的策略。

第一节　理解虚拟小团体

传播效力是小团体研究者最关心的议题。讨论这一议题之前,先了解"信息通信技术""虚拟小团体"和"虚拟小团体传播"这三个基本概念。

一、信息通信技术

信息通信技术是对所有加工、管理和传输信息的技术形式的统称。本书涉及的信息通信技术更多指基于微电子技术、计算机技术及通信技术发展起来的能够高速、大容量地进行信息收集、加工、处理、传递和贮存等一系列活动的高新技术。它涵盖各种信息通信设备,如固定电话、电视机、个人计算机、手机,包括软件,如4G网络、企业财务决算系统,也包括相关服务,如视频通话、远程教学。

使用传统或最新的信息通信技术,可以超越空间的阻碍,快捷高效地工作或学习。即使是在休闲和娱乐领域,信息通信技术也无处不在——我们使用配备 3G 或 4G 网络的手机来刷微博,逛商城,看视频,玩游戏,或邀约同伴,预约服务,获取谈资,结账埋单。一言以蔽之,信息通信技术已经广泛渗透进日常生活的各个领域。

作为群体活动的形式之一,小团体传播的开展同样离不开信息通信技术。受时间和精力的限制,这里无法一一列举小团体传播过程中可能用到的所有信息通信设备、软件和服务。下文将聚焦信息通信服务,由此切入,考察小团体的技术使用情况。小团体常用到的信息通信服务主要包括以下三类:

(1)文本信息交流。使用书面语传送和接收信息。常见的文本信息交流形式有互发电子邮件,通过各种即时通信工具,如手机短信、QQ、微信进行文字聊天,以及在论坛和个人网页,如博客、微博上发帖、回复等。

(2)语音会议。使用电话或其他基于计算机和互联网的语音通话服务来召开会议、展开团体互动。几乎所有的即时通信软件,如 QQ、飞信、微信、Skype,都可以提供即时语音通话服务。

(3)视频会议。使用闭路电视、卫星电视或其他基于计算机和互联网的视频通话服务来召开会议,展开团体互动。同样,现在几乎所有的即时通信软件都可以提供即时视频通话服务。

随着计算机和互联网技术的突飞猛进,一些专门用于小团体远程互动的应用服务得以设计和推广。其中较具代表性的有"团体决策支持系统",又称"团体支持系统"或"电子会议系统"。该系统提供文本、语音和视频等多种互动方式。无论团体成员是否共处一室,都可以使用这一系统进行简单投票,展开书面形式的虚拟头脑风暴,或直接召开语音、视频会议。

二、虚拟小团体

所谓虚拟小团体,指全部或部分采用信息通信技术进行远程合作的小团体。根据信息通信技术的定义,依托电话、电视机和电缆线路进行信息分享和互动的小团体同样属于虚拟小团体的范畴。不过,界定虚拟小团体的另一重要标准——远程合作,是在 20 世纪 90 年代以后才成为多数小团体的共同选择。

总体上，虚拟小团体在以下三方面区别于其他类型的小团体：第一，团体成员多处在不同的地区甚至是时区，多借助现代信息通信技术同步或非同步地展开互动，达成团体目标；第二，团体成员经常拥有不同的背景，如源自不同的语言文化或服务于多家组织；第三，团体成员多是临时或短期合作，成员资格比较不稳定。

使用信息通信技术的程度不同，小团体的虚拟性也会有所不同：一些团体的互动活动完全或大部分依赖信息通信技术，另一些团体则在大多数时候开展面对面沟通，偶尔诉诸以信息通信技术为基础的互动。

三、虚拟小团体传播

顾名思义，虚拟小团体传播就是小团体成员依托信息通信技术展开的互动活动，又称"电子中介传播"。在有关虚拟小团体的研究中，传播效力问题，特别是虚拟小团体相较于面对面沟通的小团体的传播效力问题，是最常讨论的话题。既有研究多围绕三方面展开：第一，以面对面沟通的小团体为参照，明确虚拟小团体的优势与不足；第二，建构有关虚拟小团体传播效力的理论，寻求对于虚拟小团体优缺点的解释，探索不同类型的信息通信技术与特定的团体任务之间的适切性；第三，寻找突破虚拟小团体的局限性、提高其传播效力的策略。关于这些议题，研究者并没有一致的答案。

第二节 虚拟小团体的优缺点

提高虚拟小团体的传播效力的基础，在于了解虚拟小团体的优势与不足。下文将从时空障碍、决策质量、成员参与度、地位差异、冲突管理五个方面切入，对比面对面沟通的小团体与虚拟小团体的表现，分析使用不同类型的信息通信技术的小团体的表现，为提高虚拟小团体的传播效力提供初步的理论支持。

一、时空障碍

与面对面沟通相比,信息通信技术的最大优势在于不受地域限制。这意味着沟通成本的缩减——无需差旅、食宿方面的费用,虚拟小团体的成员即便相距千里也可以展开即时互动。随着移动互联网的普及,远程互动变得更加便利。虚拟小团体的成员可以随时随地相互沟通,完成任务。尽管如此,由于表情、眼神、手势、姿势等非言语线索的缺失,较之视频会议,文本信息交流和语音会议对成员沟通能力的要求更高。很多适用于面对面情境的沟通策略,如无伤大雅的玩笑、戏谑,并不适用于虚拟小团体。谨慎拿捏言语表达和反馈的分寸,是虚拟小团体成员必须练就的基本技能。

二、决策质量

通常,就决策质量而言,虚拟小团体和面对面沟通的小团体并无二致,但也有例外。比如,时间压力比较大时,文本信息交流中常见的信息延迟,如团体成员未及时查看或回复短信、邮件,会导致决策效率的下降,进而影响决策质量。另外,不同类型的信息通信技术在决策质量上也有差别。文本信息交流和语音会议在决策质量上没有显著差异,但当语音会议辅之以视频时,其决策质量会显著优于文本信息交流。最后,虚拟小团体的互动需要成员掌握信息通信技术的使用技巧,缺乏此类技巧,会导致成员的挫折感和恼怒情绪,影响小团体的决策质量。

三、成员参与度

较之面对面沟通,信息通信技术对于成员参与度的影响主要表现在两个方面:一是改善社交焦虑者的团体体验;二是加剧小团体中的"酱油党"问题。

对于在面对面互动中经常沉默寡言,有较高程度社交焦虑的团体成员来说,文本信息交流能有效缓解焦虑感,增加参与团体讨论的兴趣和意愿。例如,持续两年参与网络聊天室的讨论后,成员表示,他们与人展开面对面沟通时不像以前那么焦虑了。换句话说,文本信息交流不仅能有效吸引社交焦虑者参与虚拟小团体,还能帮助他们获得自信,逐步适应各种不同的沟通情境。

与文本信息交流相反，视频会议会让社交焦虑者感觉更尴尬，变得更加沉默寡言，参与度也因此变得更低。

由于很多适用于面对面情境的应对举措在虚拟情境中难以为继，虚拟小团体的"酱油党"问题变得更突出。例如，面对面情境下，聚餐等方式可以提高团体凝聚力，激发"酱油党"的参与热情。然而，虚拟小团体很多是零历史团体，成员彼此陌生，也无法常常会面，前述方式显然不可行。再比如，面对面的情境下，评价标准的确立可以督促"酱油党"改善自身表现。然而，在虚拟小团体中，"酱油党"可以直接忽视此类文本信息，或在语音、视频会议中保持沉默，其他成员对此无计可施。因此，虚拟小团体解决"酱油党"问题的理想方法，是从一开始就挑选有合作意愿和热情的人作为团体成员。

四、地位差异

与面对面沟通的小团体相比，虚拟小团体的地位差异比较不明显。成员感觉彼此之间地位差异较小的现象被称为"地位平等效应"。由于传达地位的生理特征，如性别、年龄、族群，和副语言特征，如音量、音调、语速、节奏、重音的缺失，与语音、视频会议相比，文本信息交流的地位平等效应最明显。不过，在何种形式的虚拟小团体中，地位平等效应都是暂时的，多出现在团体合作的最初阶段；随着延迟的反馈、敷衍回答问题、强有力的言辞等的频繁出现，地位差异逐渐显现并增大，成员彼此平等的感觉随之减弱。

五、冲突管理

与面对面沟通的小团体相比，虚拟小团体往往需要面对更多冲突，尤其是破坏性冲突。由于成员背景多元且缺少面对面沟通中的非言语信息，较之视频会议，诉诸文本信息沟通和语音会议的小团体在互动过程中更容易产生误解，更可能出现负面、极端的反馈和情绪失控等问题。尽管如此，与面对面沟通的小团体相比，管理虚拟小团体的冲突并不会更困难。例如，在文本信息沟通过程中，人身攻击等负面反馈更多被解读为对事不对人的观点表达，实质性冲突较少转变为情感性冲突。换句话说，与面对面沟通相比，文本信息沟通更容易让成员聚焦任务而非彼此的性格差异或敌意。

第三节 虚拟小团体的传播效力

初步了解虚拟小团体的优缺点之后,进一步探讨影响虚拟小团体表现的内在机制。这一节围绕两个问题展开:如何评估不同类型的沟通媒介的传播能力,如何匹配不同的沟通媒介与团体的任务需求,提高虚拟小团体的传播效力。其中,"沟通媒介"一词涵盖所有传输信息、分享意义和情感的渠道,包括面对面沟通、文本信息沟通、语音会议和视频会议。下文将着重介绍三种理论——社会临场感理论、媒介丰度理论和媒介同步性理论。

一、社会临场感理论

"社会临场感"这一概念由约翰·肖特、埃德琳·威廉斯和布鲁斯·克里斯蒂于20世纪70年代中后期提出,指媒介在沟通过程中营造临场感的能力。简言之,就是使用特定媒介进行沟通时能在多大程度上感觉到沟通对象的存在。肖特等人认为,决定社会临场感的媒介特征包括沟通过程中的温暖感、连通感和熟悉感。之后的研究者将上述特征进一步拓展为沟通中的即时感、心理接近感、亲密感和熟悉感。

社会临场感理论认为,非言语线索是营造社会临场感的关键所在,媒介传送的非言语线索越少,社会临场感就越低。在小团体中,社会临场感指团体成员在沟通过程中相互联络、共同分享意义的感觉。与面对面沟通的小团体相比,虚拟小团体传播带给成员的社会临场感偏低。不过,随着媒介技术(特别是媒介系统融合技术)的发展,这一局面有所改善。今天,我们可以在同一个平台上便捷地联络到团体成员,展开多种形式的互动。例如,在微信上进行文本信息沟通,随手点击任何成员的名字就可以和对方进行语音或视频会议,还可以邀请多个成员参与会议。这张由多种技术整合成的沟通网络,将分散的个体紧密联结到一起,有望增强虚拟小团体传播的社会临场感。

较之媒介丰度理论,传播学界对社会临场感理论的接受程度要低得多。原因有三个:首先,该理论主要关注媒介特征,对于影响媒介沟通效果的情境因素,如信息类型及属性,并未展开探讨,无法有效地预测媒介使用行为及其效果;第二,长久以来,社会临场感都只是一个模糊的概念,内涵和外延并不清晰;第三,在理论表述中,社会临场感被视为沟通媒介的客观属性,在实际研究中,学界对它的测量大多依赖被试的媒介评分,也就是个体对媒介特征的主观感知,研究效度不佳,理论本身难以获得有力的支持。媒介丰度理论在一定程度上修正了前两方面的缺陷。

二、媒介丰度理论

20世纪80年代中前期,理查德·L.达夫特和罗伯特·H.伦吉尔提出"信息丰度"这一概念,指媒介在沟通过程中传输信息的能力,简称"媒介丰度"。从支持社交的角度出发,达夫特和伦吉尔提炼出四类影响信息丰度的媒介特征:

(1)实时反馈。媒介允许信息传送出去以后得到即时回应的可能性。

(2)多重线索。媒介同时传递言语信息和非言语信息的能力。

(3)自然语言。媒介允许个体透过非正式的、日常性的书面语或口语传递更多概念和想法的能力。

(4)个人聚焦。信息的个人化程度,媒介允许个体在传送信息内容的同时传达自身感受和情绪,从而营造更强社会临场感的能力。

"丰度媒介"可以同时传递言语和非言语信息,表达个人感受和情绪,较多使用口语,支持信息的实时反馈;"贫瘠媒介"的信息类型单一、内容正式、非口语化,实时反馈的可能性低。

一般说来,面对面沟通允许同时传送和接收口语形式的言语信息以及非言语信息,传达沟通者的观点、态度、情绪和关系,是丰度最高的媒介;其次是视频会议、语音会议;文本信息沟通的媒介丰度最低。此外,不同类型的文本信息的丰度有差异。以常见的文本形式为例:电子邮件的丰度较高;其次是个人化的文本信息,如博客、微博;最后是非个人化的文本信息,如电子档案、公告、报告。

达夫特等认为,当任务需求与媒介丰度匹配时,任务表现会改善。对于小团体来说,选择用何种媒介进行互动取决于任务类型:团体成员已经达成对既有信息的共同理解,如对问题的一致界定或关于问题解决方向的共同想法,但缺乏进一步行动所需的信息,需要消除不确定性时,适用较低丰度的媒介;团体成员对于既有信息的解释存在差异,需要协商以达成共识,消除模棱两可性时,适用较高丰度的媒介。换言之,丰度较低的媒介比较适用于讨论简单、清晰的议题和任务,丰度较高的媒介比较适用于讨论复杂、模糊的议题和任务。

从媒介丰度理论可以推断,在小团体传播过程中,文本信息沟通更适合于简单、清晰的议题和任务,用来激发创意,形成新观点、新想法;语音和视频会议更适合于中度复杂的议题和任务,用来解决问题、形成决策,获得相对其他沟通媒介更理想的效果;面对面沟通适合于处理复杂、模糊的议题和任务,小团体需要合作、协商、缓解冲突时,面对面沟通是最佳的选择。

媒介丰度理论的核心概念清晰具体,较好地解答了任务如何与沟通媒介匹配的问题,受到传播研究者的广泛关注。遗憾的是,与社会临场感研究类似,致力于验证媒介丰度理论的绝大多数研究都是测量实验被试对媒介匹配度的感知而非媒介使用的实际效果,研究结论的可靠性较低。部分致力于考察媒介使用的实际效果的研究未能得出一致结论——个体并不总在完成特定类型的任务时使用某种丰度的媒介——其中一些研究的发现甚至与媒介丰度理论的预设完全相反。

三、媒介同步性理论

20世纪末,阿兰·R.丹尼斯和约瑟夫·V.维拉斯奇修正媒介丰度理论,提出媒介同步性理论。所谓"媒介同步性",指媒介允许多人在同一时间内共同开展同一活动的能力。丹尼斯等人强调,媒介同步性不同于通常理解的媒介使用行为上的同步性——前者强调以相同节奏共同致力于某一任务的状态,后者指大家同一时间使用同一媒介的行为。换句话说,同时使用同一媒介并不必然意味着同步性的存在。例如,团体成员同时使用微信的语音通话功能,但各自为政、关注点不一样,这就不存在媒介同步性。

受到香农和韦弗的信息传输理论的启发,丹尼斯等人提出五类影响同步性的媒介特征:

(1)传递速度。媒介将信息传递给目标接收者的速度,包括将信息传出的速度以及收到信息后对其做出及时反馈的速度。例如,视频会议允许个体对他人言语或行为给予快速反馈。

(2)平行性。媒介同时传递不同来源的信息的能力。例如,语音会议允许同时说话的多人被其他人听到。

(3)符号种类。媒介支持的信息编码形式的数量。比如,面对面沟通可以同时传递言语和非言语信息。

(4)可预演性。媒介允许个体在信息发出之前对信息进行检视和完善的能力。例如,手机短信允许用户在发出之前反复检查和修改信息。

(5)可再加工性。媒介允许个体将已收到的信息重新进行加工的能力。比如,电子邮箱允许用户对收到的邮件进行编辑、存储或转发。

在丹尼斯等人看来,沟通媒介很难同时具备以上五种能力,因此不存在所谓的"高丰度媒介"。不同媒介具有特定的信息传递和处理能力,这种能力会影响媒介的同步性(表 14-1)。具体说来,媒介的信息传递速度越快,同步性越高;媒介的平行性越高,同步性反而会越低;媒介传输的信息内容中自然类符号所占比重越大——符号的"自然程度"取决于使用这些符号生产和解读信息所需要的时间,符号越自然,所需时间越少——或是符号与信息内容的匹配程度越高,媒介的同步性就越高;媒介的可预演性或可再加工性越高,同步性反而越低。

表 14-1 不同沟通媒介的特征及其同步性

	传递速度	平行性	符号种类	可预演性	可再加工性	信息传递	信息处理	同步性
面对面沟通	高	中	少—多	低	低	快	慢	高
视频会议	高	中	少—中	低	低	快	慢	高
语音会议	高	低	少	低	低	快	慢	中
同步的文本信息沟通	中—高	低—中	少—中	中	中—高	高	低—中	中
不同步的文本信息沟通	低—中	高	少—中	高	高	慢	高	低

简言之,高同步性媒介的信息传递速度比较快,符号种类多元,平行性、可预演性和可再加工性比较低;低同步性媒介的信息传递速度比较慢,符号种类比较少,平行性、可预演性和可再加工性比较高。据此可知,面对面沟通和视频会议的同步性比较高,语音会议的同步性中等,文本信息沟通的同步性相对比较低。

丹尼斯等人还提出,任务表现取决于媒介同步性与任务需求之间的匹配程度,后者又有赖于两类基本的传播过程——传送和汇聚。传送过程是新信息的共享过程,旨在帮助个体理解新信息。在此过程中,个体需要不断消化和回顾大量与任务相关的、多种形式的新信息的意义,持续展开认知处理活动。汇聚过程是讨论信息的过程,旨在帮助个体形成对信息的共同理解。在此过程中,个体大多已经掌握既有信息,接下来只需快速交换少量已经构思好的信息,求证和调整对信息的理解,当中涉及的认知处理活动比较少。只有当个体对信息的解读存在较大差异时,汇聚过程才会包含较多的认知处理活动。

认知处理活动在以上两类传播过程中的不同比例,决定后者对于媒介同步性的不同需求。传送过程涉及大量认知处理活动,对同时传递和处理信息的需求比较低,更适宜采用低同步性的媒介,让个体有充裕的时间分析信息内容,理解信息意义;汇聚过程涉及较多意义协商活动,对同时传递和处理信息的需求比较高,更适宜采用高同步性的媒介,以便个体快速传递信息,包括在信息传递过程中评价和修正信息,对已收到的信息做出快速反馈,最终达成共识。无论任务的类型如何,是消除不确定性还是模棱两可性,都需要传递信息和达成合意,都有赖于传送和汇聚过程的同时推进,只是二者的比重不同罢了。在丹尼斯等人看来,获得良好任务表现的关键是"媒介匹配度",即是否使用适宜的媒介进行沟通,完成任务。

此外,还有一些情境因素会影响媒介匹配的效果。丹尼斯等人认为,使用高同步性媒介或低同步性媒介,都有助于任务的完成,但有用程度取决于个体对合作者、任务以及沟通媒介的熟悉程度。有过合作历史,建立了良好规范,熟悉任务和沟通媒介的个体对媒介同步性的需求最低,彼此陌生、规范尚未确立、不熟悉任务和沟通媒介的个体对媒介同步性的需求最高。

相较于媒介丰度理论,媒介同步性理论有三大价值:第一,它使用与任务需求密切相关的特征来评估媒介能力,兼顾媒介的社交性和信息处理能力,为媒介匹配度的评估提供坚实基础;第二,将任务分解为传送和汇聚两类传播过程,强调任何类型的任务都同时包含这两类过程,可以很好地解释个体在完成特定类型的任务时没有使用匹配的媒介或在不同类型的媒介之间转换的现象;第三,引入情境因素,强调熟悉度对媒介匹配效果的影响,有助于理解媒介匹配度影响任务完成情况的内在机制。

第四节 提高虚拟小团体传播效力的策略

本节将系统梳理提高虚拟小团体传播效力的两类策略:一是任务策略,一是关系策略。前者着眼于团体讨论的管理,后者聚焦虚拟小团体的关系建立与团体认同。

一、提高虚拟小团体传播效力的任务策略

在虚拟小团体中,管理讨论是关键。影响虚拟小团体讨论效率的因素主要包括两类:媒介的选择和会议的领导。后者主要体现在会议筹备和引导方面。

1.媒介的选择

虚拟小团体的讨论不但要遵循面对面沟通时的基本原则,如主动倾听、鼓励观点的表达,还要求成员了解媒介特征及其影响,在讨论的不同阶段选择适宜的媒介。例如,成员彼此之间存在观点分歧时,使用高同步性媒介,如视频会议,进行沟通;成员对既有信息达成共识,正在展开进一步的信息收集和分享活动时,采用低同步性媒介,如电子邮件、手机短信,进行沟通。

除了考虑任务需求外,还必须考虑成员使用技术的熟练度。在条件允许的情况下,尽可能采纳那些所有成员都能熟练使用的技术作为沟通媒介,提前知会成员讨论要用到的技术设备类型,在讨论开始前提醒成员检查设备。

2.会议的筹备

周密的会议筹备,是虚拟小团体的讨论行之有效的另一前提。在讨论正式开始之前,领导者要与团体成员确定讨论日期和时间。由于虚拟小团体的成员通常分散在各地,甚至处于不同时区,在安排讨论的日期和时间时,领导者需要将各地的时间文化以及时差考虑在内。另外,考虑到沟通媒介的特征,虚拟小团体会议的时长最好不超过两小时,以免事倍功半。最后,和面对面的会议一样,虚拟小团体的领导者也需要制定会议议程,提前两三天将议程以及其他会议资料一起发送给团体成员。

3. 会议的引导

在确认所有成员的技术设备都正常运转之后,会议正式开始。首先,与面对面的会议一样,虚拟小团体的领导者也需要说明会议目的、目标、议程和参与者情况。接下来,依次确认每一位成员的身份,对其表示欢迎,要求成员在首次发言时再次说明自身身份。这一举措有助于团体成员有序开展讨论,以及获得更强的参与感。在此过程中,领导者可以指定某位成员记录讨论内容及结论,形成备忘录,在会议结束后发送给全体成员,以方便会议决议的后续推进。较之文本信息沟通,召开语音或视频会议时记录会议内容并制作备忘录显得更加重要。

二、提高虚拟小团体传播效力的关系策略

团体氛围是团体任务完成过程的重要语境。在虚拟小团体中,团体氛围的维系主要面临两类挑战:一是在成员之间建立起互信关系,一是提高成员的团体感,确立团体认同。

1. 关系建立

在虚拟小团体中,时空障碍是互信关系难以确立的首要原因。此外,文化差异以及因误解导致的冲突,也会给业已建立的互信关系带来冲击。应对上述挑战的策略包括以下四方面:

(1)在虚拟小团体合作的最初阶段,丰富团体的媒介环境。例如,可以开展面对面沟通,如聚会、旅行,以拉近成员距离;在面对面沟通不可行的情况下,语音或视频会议也可以丰富团体的媒体环境。在成员彼此陌生时,媒介环境对团体任务推进情况的影响比较显著,等到成员彼此熟悉时,媒介环境的影响就会相应降低。

(2)保持联络。在虚拟小团体中,保持联络是增强互动的社会临场感,拉近成员关系的重要途径。其主要方式包括及时回复其他成员的邮件、短信或其他形式的信息,主动与其他成员交往,进行适度的自我表露等。

(3)建立"即刻信任"。由于虚拟小团体的成员较少甚至无法通过面对面沟通建立起对彼此的信任,互信关系的建立在很大程度上有赖于各自的工作表现。保持高度的工作热情,积极主动地完成任务,给其他成员留下专业、勤奋的印象,是形成即刻信任的关键。较之日常互动中的信任关系,即刻信任关系比较脆弱。成员偶尔的懈怠,如收到信息后延迟回复或不回复,都可能激起

其他成员的不信任情绪,使得刚刚建立起来的互信关系付诸流水。

（4）对文化差异保持敏感。虚拟小团体的成员背景各异,了解并尊重彼此的文化差异是建立互信关系的另一前提。值得注意的是,这里的文化不仅仅指民族、国家文化,也包括组织文化、行业文化、地区文化等多个层次。

2.团体认同

时空障碍不仅制约虚拟小团体互信关系的建立,也给团体意识的培育带来较大挑战。应对这一挑战的策略主要包括以下三方面：

（1）尽量避免负面信息的传达。由于非言语线索的相对缺失,虚拟小团体的互动常常伴随较多的误解和冲突。在提供信息的过程中使用清晰、具体的表达,在互动过程中避免采用批评的语气,如抱怨、责备、语带讥讽,避免开不恰当的玩笑,都可以减少负面情绪的积聚,降低误解和人际冲突发生的可能性,为团体认同的培育提供良好基础。

（2）互动过程中关注成员的付出。在虚拟小团体中,为了培养团体认同,成员要对他人或团体的成绩给予及时正面的反馈,包括言语上的称赞,如"你的PPT做得真好"或"我们这次提案效果真不错",也包括物质上的奖励,如给表现突出的成员发礼物或奖金等,让成员感受到来自团体的支持,形成对团体的认同。

（3）使小团体"可见"。在虚拟小团体中,可以采用与面对面沟通的小团体类似的方式来标示团体身份、增强团体的可见度,如给团体命名,设计团体的品牌标志和口号,聊天时采用特定的问候方式、表情符号。此外,虚拟性较高的小团体可以采用拍照的方式来增强团体的存在感——在团体会议、聚餐或其他任何类型的社会活动中给团体拍照,然后将照片群发给所有成员。小团体变得"可见"时,成员的团体认同感也会有所增强。

附录一　会议

小团体的决策过程离不开大大小小、正式或非正式的若干次会议。开会无聊,这或许是全世界人民的共识。从东方到西方,从国内会议到国际会谈,总有人在会场上看手机、交头接耳甚至干脆闭目养神。那么,怎么让会议不那么无聊呢?这正是下文探讨的核心问题。

接下来的内容主要围绕四方面的问题展开:首先,为什么开会?其次,在确定好会议类型后,如何筹备会议?再次,开会的过程中,如何提高会议效果?最后,会议结束后,需要做些什么来改善未来会议的体验?

一、会议的类型

会议的任务类型不同,参会者的沟通方式、类型、数量以及领导方式都会有所不同。根据任务类型,可将会议分成两种:"一是信息型会议",侧重信息的单向传达,参会者数量不限,多采用指令式的领导风格;"一是决策型会议",侧重互动和决策的形成,参会者由直接利益相关者或者有决策能力的人构成,数量通常为5~7人,一般不超过12人,领导者更多扮演讨论促进者的角色,很少将自身观点强加给他人。后一类型的会议是下文关注的重点。

二、会议的筹备

在确定好会议的类型后,会议组织者要系统筹备会议,以降低开会过程中失误发生的可能性。

1.开会的必要性

筹备会议以前,先思考两个问题:第一,面对面沟通是否有必要?第二,有没有其他沟通方式,如信件、电话或单独的面对面交流,可以取代会议且不妨碍任务的完成?有些时候,不需要进行面对面的沟通同样可以很好地完成任务。因此,如果你能做决定,请认真地思考一下,就当下这一任务而言,面对面的团体讨论是否真的有必要。

2.会议的目的与目标

如果答案是肯定的,接下来的工作就是将会议的目的和目标具体化。目的指开会的原因,目标指会议希望达成的结果。可将目标分为短期目标和长期目标,前者是单次会议希望达成的结果,一般是决策或行动方案的制定,后者是团体或组织的总体愿景。例如,给学院的迎新晚会拉赞助是会议目的,确定潜在的赞助商、赞助条件、目标金额等是会议的短期目标,确立与业界的长期合作关系,提高学生的说服沟通能力则是会议的长期目标。确定会议的目的和目标不仅有助于会议的组织和安排,还可以为日后评价会议提供具体的参考标准。

3.制定会议议程

会议目的和目标确定后,制定会议议程。会议议程是使讨论聚焦的重要条件。一般情况下,议程表包含以下五方面的内容:会议的日期、时间和地点;会议的组织者和参会者;会议的目的和目标;会议讨论的议题以及每一个议题的讨论时长、具体事宜和讨论者;上一次会议的备忘录(表1)。议程表除了具有重要的指导作用外,还可以帮助参会者了解会议的短期目标和议题,为会议提前做准备。因此,可能的话,应该尽量在会议开始之前向参会者提供议程表。

制定会议议程的过程中,需要确定会议的规模,知道参会者有哪些。就决策型会议来说,参与者规模对决策效率有一定影响。一般情况下,会议规模递增,决策效率会递减。因此,在决策时间紧迫的情况下,参会者越少越好。在选择参会者时,可以参考以下三项标准:

(1)目标人选应与会议目标或议题直接相关。例如,讨论销售业绩下滑的问题,应该选择市场营销部而非产品研发部的员工来参会。

(2)目标人选应该具有相关经验。比如,确定公关大赛的选题,可以邀请参加过这一比赛的学长或学姐来参会。

(3)目标人选必须有时间参加会议。例如,安排在周末的部门会议更倾向于邀请未婚未育的员工来参加,原因就在于后者不需要照看、陪伴孩子,时间安排相对更自由。

表 1　会议议程表范例

会议议程
会议的日期：　　　　　　　　　　　会议的时间：
会议的地点：
会议的组织者：
参会者：
会议的目的：
会议的目标：
议程：
议题　　　　　　　时间　　具体事宜　　　　　　讨论者
1.
2.
3.
4.
上一次会议的备忘录：

接下来,确定会议的议题并安排议题的讨论顺序。可以借鉴"钟形曲线议程":会议开始之初,先讨论简单、次要的议题,营造良好的氛围;然后,过渡到比较复杂、重要的议题;最后,回到简单议题,总结该次会议,为接下来的行动或者会议打好基础。这样的安排把主要时间集中在重要议题上,可以使会议效率最大化。至少,采用这样的议程,无论是迟到者或者早退者,都不至于缺席重要议题的讨论。

4.准备设施、设备和材料

制定好会议议程之后,接下来准备会议设施、设备和材料。所谓设施,主要指会议环境和座位安排。设施方面,应该尽量让参会者感到愉悦、舒适。会场应大小合适且尽可能安静,桌椅的高度、尺寸应该适中,数量充足,位置恰当,座位安排合理。其中,座位的安排分为正式和非正式两种(图1),常见的长方形、马蹄形会议桌适合正式、氛围严肃的会议,车轮形、圆形会议桌适合非正式、氛围轻松的会议。

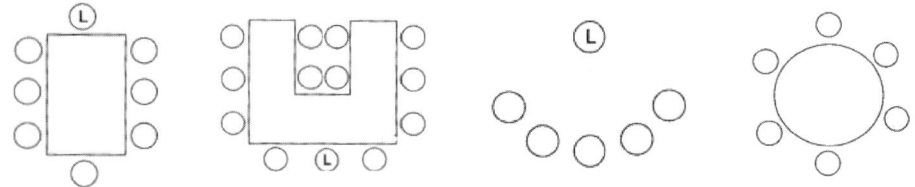

图1　正式和非正式的座位安排

除固定设施外,还要准备好会议需要的设备和材料,包括提前检查视听设备,准备二手方案,预防因突发的技术故障造成会议中断甚至终止的情况,以及提前准备好记录用的纸、笔和参会者名牌等。

5.通知参会

接下来,通知参会者。除了告知日期、时间、地点外,还需要提前通知参会者会议议题,附上讨论所需的资料。如果条件允许,还应该在开会当日通过电邮、电话、短信等方式再次提醒参会者会议的时间和地点。

三、会议的召开

在制定会议议程,准备好开会所需的设施、设备和材料并提前通知参会者之后,正式召开会议。开会过程中,无论是领导者还是其他参会者,都必须遵循相应的原则，以保证会议顺利进行。

1. 领导会议

会议的领导者最重要的职能是协调讨论，确保会议按照议程表有序推进。这一职能的实现需要倾听而非发号施令。优秀的会议领导者往往也是优秀的倾听者。推进会议的过程中，愿意倾听和等待其他参会者分享观点的领导者往往比急于陈述自身观点的领导者收获更多。做一个良好的会议领导者需要留意以下四方面：

（1）召集其他参会者，把控好时间，确保会议准时开始。如果是正式会议，领导者此时还需要确定到场人数是否达到法定人数的要求。

（2）按照议程表推进讨论，掌握会议节奏。首先，领导者需要控制每一个议题的讨论时长，确保议程上的所有议题都得到讨论，所有被讨论的议题也都在议程上。此外，领导者还要扮演把关人的角色，鼓励参会者尤其是沉默寡言者表达观点和意见，对那些独占发言时间的行为进行必要的干涉。

（3）引导讨论，使会议聚焦于既定主题。一般来说，要确保会议不偏题，最有效的方法是进行阶段性的总结。领导者可以采用"既然大家都同意这个方案，那我们就采纳这个方案，现在进入下一项议题"之类的表述来衔接议题，总结会议进度，帮助讨论聚焦。

（4）准备会议备忘录。开会过程中，领导者需要指定专人对讨论内容进行记录，会后整理为备忘录发送给每个参会者。

2. 参与会议

介绍完领导者在开会过程中的责任，接下来聊聊会议参与者的义务。参会者的首要义务就是做好讨论前的准备工作。如果领导者在会议开始之前提供了议程表，参会者就应该依据议程表来准备讨论，包括搜集相关信息、构思发言内容等。没有议程表，实在不知道需要做些什么时，参会者可以联系和询问会议领导者，从中获得准备工作的方向。总的来说，参会者需要留意以下五方面的问题：

（1）准备好发言的文稿。组织良好的文稿有利于会议讨论的推进，混乱无序、不相干的观点则会增加讨论偏题的可能。

（2）积极发言。准备的资料和议题相关时，要积极发言。

（3）每次陈述一个观点。想到很多观点和建议时，不要着急，条分缕析地进行陈述。

（4）发言清晰有力。含糊、呢喃不清的发言会使观点淹没在噪音中，观点再好、再有创意也无济于事。

(5)认真聆听他人的发言。集中注意力倾听,及时总结和求证。

四、评价会议

会议结束并不意味着事情终结。接下来,还要评价会议效果,确认会议是否达到预期目标,帮助组织者改进之后的会议。如果会议很成功,要弄明白是哪个环节特别出色;会议很失败,更要弄明白问题出在哪里,确保下次不再犯同样的错误。

附录二　简报

任何会议的召开,都离不开参会者的公开发言,也就是简报。所谓简报,就是将个人观点和想法口头传达给特定听众的过程。它既是会议讨论的必要环节,也是讨论结果呈现的常见形式。以下有关简报的内容将围绕四个问题展开:简报的常见场合有哪些,如何安排简报的内容,如何安排简报的形式,在做简报的过程中,需要注意哪些问题?

一、简报的场合

公共讨论中最常用到简报。下面介绍简报的三种常见场合——专题小组讨论、专题讨论会和论坛。

1.专题小组讨论

专题小组讨论是最常见的公共讨论形式。小组通常由专家构成,就某一话题自由交流意见,以便解决问题,或让听众深入思考争议性话题的优缺点。专题小组讨论一般都有时间限制,多数在一小时左右。小组规模通常会控制在 3~9 人,人数太少无法形成讨论,人数太多则难以协调发言时长。

一般来说,在专家之外,专题小组讨论还会任命或者选举一个主持人来维持秩序,推进讨论:首先,主持人会抛出讨论的主题;之后,简要介绍小组成员的基本情况,如姓名、头衔;讨论正式开始之后,主持人会抛砖引玉,提出具体的问题来引导讨论;自由讨论的过程中,好的主持人会鼓励所有的成员发表意见,如直接抛给比较沉默的成员一个问题,适时打断滔滔不绝的成员的发言;讨论结束后,总结陈词或邀请某位小组成员总结讨论情况;接下来,如果有听众提问的环节,主持人需要继续把控时间,确保讨论按时结束。

2.专题讨论会

作为另一常见的公共讨论形式,专题讨论会一般会邀请若干位专家各自做简短的发言,连续呈现与某一争议性话题相关但立场不尽相同的观点。在专题讨论会上,单次发言的时长通常为4~6分钟,一位专家发言结束以后紧接着由另一位专家发表观点。召开专题讨论会的目的通常是为了向听众提供有关争议性话题的信息或启发听众对该话题的思考。与其他形式的公共讨论相比,专题讨论会最大的优点在于方便组织,只需要邀集三四个专家即可深入探讨特定话题。不过,严格来说,专题讨论会并不是团体讨论,因为参会的专家彼此之间很少互动。因此,专题讨论会经常会以一个非正式的专题小组讨论或论坛作结。

与专题讨论小组一样,专题讨论会同样有时间限制,需要主持人来把控流程。例如,任课老师组织专题讨论会,邀请四位新闻学专家畅谈新闻学发展的话题。讨论会开始时,老师会担任主持人的角色,简要介绍各位专家的履历、会议讨论的话题,然后依次邀请专家发言;接下来,每一位专家会结合他的研究方向发言,时长为10~15分钟,专家彼此之间不会相互讨论;发言结束后,老师会总结每一位专家的主要观点并开放讨论。

3. 论　坛

"论坛"一词来源于古罗马,指罗马市民发表意见时的聚集地。作为一种公共讨论形式,论坛通常紧随个人演讲、辩论、专题小组讨论、专题讨论会之后,采取听众提问、发言者回答的方式展开讨论,以进一步增加话题讨论的深度。与其他形式的公共讨论相比,论坛最大优势在于允许听众反馈并参与问题讨论,听众同时也是发言者的一部分。这一特殊的讨论形式赋予主持人至关重要的地位。就主持论坛而言,以下有四点建议可供参考:

(1)主持人应提前告知听众,论坛会在个人演讲、辩论、专题小组讨论或者专题讨论会结束后进行,观众可以预先准备好问题或者其他反馈形式。

(2)讨论开始前,主持人应该告知听众问答环节的时长和提问规则,比如需要举手提问,问题应控制在30秒之内,每人只有一个提问机会。

(3)在听众提问过程中,主持人需要重复听众没有听到的问题,鼓励听众发表不同的观点,平衡反对和支持意见,向听众解释他们疑惑不清的问题,及时提示剩余时长等。

(4)听众提问结束后,主持人要做总结并对听众的出席表示感谢。

二、简报的内容

无论是专题小组讨论、专题讨论会还是论坛,都是为了增进听众对话题的了解，启发其思考。小组成员、参会者或发言者应熟练掌握简报的相关技能，根据场合的需要灵活确定简报的内容、形式和呈现样态。

1. 确定简报目的

准备简报之前，先要明确简报的目的。比如，简报究竟是为了告知、说服还是其他？所谓告知，就是帮助听众了解相关话题，如介绍什么是不健康的饮食习惯。所谓说服，就是影响听众的观念或行为，如倡导听众参加"马拉松"比赛。

2. 确定话题

多数情况下，简报的话题是确定的。少数时候，发言者可以自行选择话题，此时，应该选择最有话说、可以结合自身经历或体验的话题。

3. 分析听众

接下来，明确几个关键的问题：听众是谁，他们的兴趣、价值和信念是什么？尽可能找到与听众之间的共同点，由此切入，唤起听众的共鸣。可以从以下四个方面来分析听众：他们为什么听，他们对话题的期待是什么，他们对我的期待是什么，他们对我所在团体的期待是什么？弄清这些问题以后，就可以搜集信息、组织简报内容了。

4. 搜集和组织信息

信息的搜集是为了确定简报的核心观点。通常，需要从各种渠道收集与话题有关的事实、数据或者案例，从中提炼核心观点。接下来，将搜集到的信息以一种合乎逻辑的方式组织起来，使之言之有理、言之有据。时间顺序是组织信息的常见方法之一。比如，按照事件发展脉络来介绍历史事件。组织信息的另一常见方法是议题法，即按照议题内在的联系来组织内容。比如，介绍政府基本职能的简报可以按照职能的类型来安排内容。此外，空间顺序也是组织信息的常见方法之一。比如，介绍学校基本设施的简报可以按照各类设施的位置来安排内容。当然，还可以按照其他逻辑安排简报内容，如发现问题/解决问题的逻辑，优缺点对比的逻辑，从简单到复杂的逻辑。无论选取哪种信息组织方式，目的都是确保简报内容能够被听众充分、准确地理解。

三、简报的形式

简报内容一经确定，接下来考虑简报的形式。注意两方面：一是选择什么样的信息传达方式，一是如何准备视觉辅助。

1.选择信息传达方式

常见的信息传达方式有四种——朗读式、背诵式、即兴式和提纲式。

朗读式,即发言者拿着事先写好的稿子逐字逐句向听众宣读。这种简报方式,内容经过深思熟虑、反复推敲,比较适合重要、严肃的场合,如各级党代表大会、重大节日庆典。由于形式生硬,这种简报方式通常不受听众欢迎。

背诵式,即发言者事先将写好的稿子背诵下来,然后在简报的时候脱稿发言。这种信息传达方式同样不利于发言者的临场发挥,容易给听众留下矫揉造作的印象。如果内容包含大量的数据或者例证,一旦记忆"卡壳",简报就很难继续下去。因此,发言者在使用这种信息传达方式之前必须做好充分的准备,反复熟悉简报内容,尽量将书面语转变为口语,使临场表达听上去比较流畅、自然。

即兴式,即发言者在没有充分准备的情况下临场发挥、即兴发言。即兴式简报的发言者可以根据实际情况灵活机动地调整内容,使发言生动形象、富有感染力。这一信息传达方式的效果通常都不错。尽管如此,这一方式对发言者的要求很高,难度极大。使用这种方式做简报,发言者需要在德、才、学识等方面都有很高的修养,此外还要有很强的记忆力、想象力和应变能力。如果发言者不具备这些条件,即兴式简报不仅不能取得预期的效果,还会因为演讲内容漫无边际、逻辑混乱、漏洞百出给听众留下发言者能力不足的负面印象。

提纲式,即发言者把简报的主要内容以提纲的形式写出来,然后根据提纲的提示来发言。这种信息传达方式融合背诵式和即兴式简报的长处,既可以做到预先准备、胸有成竹,又允许发言者临场发挥,在内容安排上比较灵活,与听众有交流,真实感比较强。对于大多数人来说,相对于其他几种信息传达方式,提纲式简报是更切合实际的选择。

2.准备视觉辅助

运用视觉辅助不仅可以直观形象地呈现信息,增进听众对信息内容的理解,还能增加乐趣,吸引听众的注意力。例如,想说明校园食堂拥堵的问题,制作一段拥挤场面的小视频可以直观地达成这一目的。视觉辅助的类型有很多,如绘画、照片、插图。在众多的视觉辅助中,幻灯片最常用,花费较低且相对易于制作,适用于很多场合。使用幻灯片时注意以下八方面的问题:

(1)不需要使用投影仪的时候,记得关掉它。

(2)幻灯片的内容要言简意赅,仅呈现核心信息。

(3)幻灯片的背景和主体在色彩上应形成鲜明对比,使主体内容易于被辨识和浏览,确保每一个听众都能看清楚幻灯片。

(4)留出足够的时间给听众浏览每一页的内容。

(5)播放幻灯片的同时应配合相应的解说。

(6)做简报时面向听众而非屏幕。

(7)做简报之前提前排练,确保幻灯片可以正常播放。

(8)做好二手准备,预防设备故障等意外情况,做到即使幻灯片无法播放简报也可以正常进行。

现在电脑绘图和音视频剪辑都很方便,可以利用软件制作视觉辅助材料,达到更佳的效果。不过,还是要注意两个问题:一是简报现场的设备是否支持制作好的视觉辅助材料,如果技术不兼容,效果再好也是白费时间;一是简报的主要目的是为了呈现信息而不是娱乐听众,没有必要花费太多时间和精力追求极致的视觉效果。

四、简报的策略

安排好简报的内容和形式之后,下一步要调整自身状态,为简报的最终实施做准备。具体说来,就是克服焦虑感并进行预演。

1.克服焦虑感

焦虑感产生的原因很多,常见的有自我挫败感和情境因素的影响。

怀有自我挫败感的发言者渴望得到所有听众的认可,会无限放大细小的失误,如"我真是个白痴,居然忘了介绍专家的名字""我一直在不停的嗯、啊,听起来像个傻瓜",从而产生焦虑感。还有一种情况,就是发言者预测自己会失败,缺乏自信从而产生焦虑感。怀有自我挫败感的发言者还未上场就已经倍感焦虑,一旦在简报过程中收到听众的消极反馈,会变得更加焦虑,严重的时候甚至可能失声,导致发言中断。

此外,有很多情境因素也会导致焦虑感。常见的因素有陌生环境和简报的重要性。陌生环境意味着不确定性,不确定性容易引发焦虑感。大多数人的工作和生活都不太需要用到简报,对他们而言,简报本身就很陌生。不过,这一类型的焦虑感会随着简报经验的增加而逐渐缓解。简报的重要性受到话题、听众类型和规模等因素的影响。话题越重要,听众的层次越高,人数越众,越可能产生感焦虑。

每个人做简报的时候都会体验到不同程度的焦虑感。既然焦虑感不可避免,那就只能克服:首先,充分的准备,如深入研究简报话题,精心组织简报内容,能有效缓解焦虑感;此外,做好生理上的准备,比如做简报之前不要吃得太多或太少;另外,提前构想失误发生时的应对办法,如告诉自己"我可以做得更好"或"接下来的简报会更精彩",有助于放下思想包袱,从容应对简报过程中出现的问题;最后,把所有注意力集中到简报流程上来,也可以减轻焦虑感。

2. 预演

进行预演也有助于克服焦虑感。预演,就如同文艺演出前的"彩排",是简报准备的重要程序。预演可以强化对简报内容的记忆,有助于控制简报的时间和速度,缓和紧张情绪,改善简报的效果。

预演的方式主要有以下三种:独自演练,发言者独自一人进行练习,比较方便、灵活、有效,是最基本的预演方式;集体演练,发言者选择周边的人作为听众,组织小范围的预演场面,营造简报的逼真氛围,观察听众的反应,征询他们的意见,完善自己的表现;设备演练,有条件的发言者利用录音、录像设备等进行练习,直接观察简报的全过程,找出问题,有针对性地加以改进。无论采用何种方式进行预演,都要注意以下五方面:

(1)端正态度,严肃对待,不要因为是预演就放低对自己的要求。

(2)设定预演的限定时间,严格按照时限进行。

(3)认真准备,反复练习,尽可能熟悉内容,掌握技术设备。

(4)两手准备,设想好技术出现故障时的应对方式。

(5)有头有尾,开头和结尾同样重视,尽可能给听众留下深刻印象。

3. 吸引听众的注意力

最后,聊聊如何吸引听众的注意力。激发听众的兴趣需要一定的技巧,有一些刺激元素可以自然地吸引听众的注意力:

(1)强度。集中听众注意力的元素之一,表现为强烈的情感、极端的观点或激烈的行动。比如,煽情地讲述某个人物的悲惨命运,有过类似经历的听众肯定不会分心。注意不要过度煽情,会适得其反,令听众反感甚至厌烦。

(2)惊奇。可以在简报中安排几个出乎意料的举动,使简报显得迂回曲折,让听众在惊奇之余对接下来的内容充满好奇。2008年苹果公司的产品发布会上,乔布斯从信封里拿出新的 MacBook Air 电脑笔记本时,所有人都惊呆了!正是这一意想不到的举动将当天的发布会推向高潮。当然,惊奇并不总是能够起到吸引听众的效果,无聊的笑话、歧视性的言论可以让听众惊奇,但也会让简报失败。

(3)重要性。直接或间接影响听众切身利益和福祉的话题天然就能够吸引听众的注意力。比如,大学生会比较关注学费的变动,企业员工会非常关心薪水的调整。选择那些具体可见、具有重要意义的话题作为简报主题,但不要仅凭直觉来预估话题的重要性。就如同对内容的取舍一样,对话题重要性的评估也必须建立在信息搜索和分析的基础上。

(4)幽默。听众往往对幽默风趣的语言特别感兴趣。发言者要善用幽默策略,使简报产生磁力。使用这一策略时,应注意以下四方面问题:第一,不要假装幽默,幽默的格言警句、妙趣横生的故事都应该自然天成,不擅长幽默就没有必要在听众面前惺惺作态;第二,幽默应和简报话题相关,与话题无关的幽默虽能博得听众一笑,却不能为简报加分,等于做无用功;第三,幽默要有正能量,庸俗、恶心的笑话可能引起听众的敌意,压根达不到吸引听众注意力的目的;第四,不要滥用幽默,过犹不及,频繁的插科打诨会分散听众的注意力,削弱简报的效果。

参考文献

中文文献

[1]奥斯本.创造性想象[M].王明利,盖莲香,汪亚秋,译.广州:广东人民出版社,1987.

[2]贝塔朗菲.一般系统论:基础,发展与应用[M].林康义,魏宏森,等译.北京:清华大学出版社,1987.

[3]波伏娃.第二性[M].舒小菲,译.北京:西苑出版社,2009.

[4]大内.Z理论:美国企业界怎样迎接日本的挑战[M].孙耀君,王祖融,译.北京:中国社会科学出版社,1984.

[5]杜威.我们如何思维[M].伍中友,译.北京:新华出版社,2010.

[6]费希尔,尤里,巴顿.谈判力[M].王燕,罗昕,译.北京:中信出版社,2009:13—90.

[7]复旦发展研究院.80后的世界——复旦大学长三角社会变迁调查[R/OL].(2014-04-24)[2016-05-30].http://fddi.fudan.edu.cn/index.php?c=article&a=show&aid=577.

[8]戈夫曼.日常生活中的自我呈现[M].冯钢,译.北京:北京大学出版社,2008.

[9]豪格,阿布拉姆斯.社会认同过程[M].高明华,译.北京:中国人民大学出版社,2010:216—232.

[10]霍尔.超越文化[M].何道宽,译.北京:北京大学出版社,2010.

[11]库利.人类本性与社会秩序[M].包凡一,王湲,译.北京:华夏出版社,1989:118—119.

[12]李芝山."新新人类"的工作特性及管理策略[J].中国人力资源开发,2007,(2):34—37.

[13]刘苹,郑沙沙,吴继红.代际差异对员工行为的影响研究:"80后"与"80前"的对比[J].中国行政管理,2012,(5):65—67.

[14]马基雅维利.君主论[M].王伟,译.北京:北京联合出版公司,2014.

[15]马斯洛.马斯洛人本哲学[M].成明,编译.北京:九州出版社,2003:13—70.

[16]麦格雷戈.企业的人性面[M].韩卉,译.北京:中国人民大学出版社,2008.

[17]米德.心灵、自我与社会[M].霍桂桓,译.南京:译林出版社,2012:149—247.

[18]密尔.论自由[M].许宝骙,译.北京:商务印书馆,2007:18—64.

[19]石川馨.质量管理入门[M].刘灯宝,译.北京:机械工业出版社,1983:205—208.

[20]索绪尔.普通语言学教程[M].高名凯,译.北京:商务印书馆,1999.

英文文献

[1]ANDERSON C M, MARTIN M M. The effects of communication motives, interaction involvement, and loneliness on satisfaction:A model of small groups[J].Small Group Research,1995,26(1):118—137.

[2]BALES R F. Interaction process analysis:A method for the study of small group synergy[M].Dubuque, IA:Brown,1950.

[3]BALES R F, STRODTBECK F L. Phases in group problem-solving [J].Journal of Abnormal & Social Psychology,1951,46(4):485—495

[4]BERLO D K. The Process of Communication:An Introduction to Theory and Practice[M].New York:Holt, Rinehart and Winston,1960.

[5]BIRDWHISTELL R L. Introduction to kinesics:An annotation system for analysis of body motions and gesture[M].Michigan:University of Michigan Library,1952.

[6]BORMANN E G. Discussion and group methods:The theory and practice[M].New York:Harper & Row,1975.

[7]BORMANN E G. Symbolic convergence theory and communication in group decision-making[M]//HIROKAWA R Y, POOLE M S. Communication and group decision. Beverly Hills, CA:Sage,1986:219—236.

[8]BORMANN E G. Small group communication:Theory and practice [M].New York:Harper & Row,1990

[9] BRILHART J K, GALANES G J. Effective group discussion[M]. Dubuque, IA:Wm. C. Brown, 1992.

[10] CRAGAN J F, WRIGHT D W. Communication in small groups: Theory, process, skills[M]. Minneapolis, New York, Los Angeles, San Francisco:West Publishing Company, 1995.

[11] DAFT R L, LENGEL R H. Organizational informational requirements, media richness, and structural design[J]. Management Science, 1986, 32(5):554—571.

[12] DENNIS A R, VALACICH J S. Rethinking media richness: Towards a theory of media synchronicity[C]. Proceedings of the 32nd Hawaii International Conference on System Sciences, 1999:1017.

[13] DENNIS A R, FULLER R M, VALACICH J S. Media, tasks, and communication processes: A theory of media synchronicity[J]. MIS Quarterly, 2008, 32(3):575—600.

[14] DORADO M A, MEDINA F J, MUNDUATE L, et al. Computer-mediated negotiations of an escalated conflict[J]. Small Group Research, 2002, 33(5):509—524.

[15] FIEDLER F E. A contingency model of leadership effectiveness [M]//BERKOWITZ L. Advances in experimental social psychology, New York:Academic Press, 1964:149—190.

[16] FILLEY A C. Interpersonal conflict resolution[M].Glenview, IL: Scott, Foresman & Co.

[17] FISHER B A. Decision emergence:Phases in group decision-making[J].Speech Monographs, 1970, 37(1):53—66.

[18] FISHER B A. Small group decision making[M]. New York: McGraw-Hill, 1980.

[19] HERSEY P, BLANCHARD K H, JOHNSON D E. Management of organizational behavior[M].Englewood Cliffs, New York:Prentice Hall, 2000:182—187.

[20] HOFSTEDE G. Culture's consequences:Comparing values, behaviors, institutions, and organizations across nations[M]. Thousand Oaks, CA:Sage.

[21] KELLY J R, MCGRATH J E. Effects of time limits and task types on task performance and interaction of four-person Groups[J]. Journal of Personality and Social Psychology, 1985, 49(2):395—407.

[22] MAYERS S A, MARTIN M M, MOTTET T P. The relationship between student communication motives and perceived instructor communicator style[J]. Communication Research Reports, 2000, 17(2):161—170.

[23] MCKENNA K Y A, GREEN A S, GLEASON M E J. Relationship formation on the Internet: What's the big attraction? [J]. Journal of Social Issues, 2002, 58(1):9—31.

[24] NORTON R W. Foundation of a communicator style construct[J]. Human Communication Research, 1978, 4(2):99—112.

[25] POOLE M S. Decision development in small group I: A comparison of two models[J]. Communication Monographs, 1981, 48(1):1—24.

[26] POOLE M S. Decision development in small group II: A study of multiple sequences in decision making[J]. Communication Monographs, 1983, 50(3):206—232.

[27] POOLE M S. Decision development in small group III: A multiple sequence model of group decision-making[J]. Communication Monographs, 1983, 50(4):321—341.

[28] RUBIN R B, PERSE E M, BARBATO C A. Conceptualization and measurement of interpersonal communication motives[J]. Human Communication Research, 1988, 14(4), 602—628.

[29] SCHEIDEL T M, CROWELL L. Idea development in small discussion groups. Quarterly Journal of Speech, 1964, 50(2):140—145.

[30] SCHUTZ W. The interpersonal underworld[M]. CA: Science & Behavior Books, 1966.

[31] SHANNON C E, WEAVER W. The mathematical theory of communication[M]. Urbana: The University of Illinois Press, 1949.

[32] SHORT J, WILLIAMS E, CHRISTIE B. The social psychology of telecommunications[M]. London: John Wiley & Sons, 1976.

[33] WATZLAWICK P, BAVELAS J B, JACKSON D D. Pragmatics of human communication: A study of interactional patterns, pathologies,

and paradoxes[M].New York:Norton,1967.

[34]WISCHMEIER R R. Group and leader-centered leadership:An experimental study[J].Speech Monographs,1955,22(1):43—48.

后　记

　　五六轮修改后，终于定稿。落笔之际，感慨万千。编写此书的决定，只源于服务教学的一腔热忱，却未曾设想前路艰辛。幸运的是，一路走来，得到亲人和良师挚友的诸多帮助：感谢勤劳的父母和丹妹，照顾我的起居，让我得以安心写作；感谢纽约州立大学奥尔巴尼分校的张惠晶教授数次赠书，为授课框架的搭建提供宝贵建议，并为本书作序；感谢李展老师在百忙中拨冗为本书题写总序；感谢迟月利、陈伟、陈素白、史冬冬、林茵治、殷琦、李昊等众多好友的鼓励。

　　同样需要感谢的，是为此书的撰写付出辛苦汗水的研究生同学。若无他们检索、搜集和整理文献资料，此书难以付梓。特别感谢高庆龄为第三章和第七章，廖晴为第四章，唐羽佳为第二章和第十一章，张健为第五章、第六章和两篇附录，余伟杰为第十四章所做的细致的资料准备工作。另外，也要感谢余伟杰同学为全书所做的校对工作。

　　最后，还要特别感谢厦门大学出版社的王鹭鹏编辑——他不辞辛劳，逐字逐句校对全书，并就行文、案例、格式规范提供诸多宝贵建议。正是他严谨的工作态度和出色的专业能力，使此书渐臻成熟。

写于厦门大学南光二 314
2016 年 7 月 28 日

目 录